COLLECTION D'HENNEVILLE

ESTAMPES

PORTRAITS

ET SUJETS HISTORIQUES

DESSINS

Vente les Mardi 23, Mercredi 24, Jeudi 25
et Vendredi 26 Février 1858.

EXPOSITION LE DIMANCHE 21 FÉVRIER 1858.

M° **DELBERGUE-CORMONT**, Commissaire-Priseur.

M. **VIGNÈRES**, Marchand d'Estampes.

CATALOGUE

D'ESTAMPES

PORTRAITS ET SUJETS

Relatifs à l'Histoire de France

DEPUIS FRANÇOIS Iᵉʳ JUSQU'A LOUIS XIV

ET PRINCIPALEMENT LES RÈGNES

D'HENRI IV ET LOUIS XIII

faisant partie de la collection

De Feu M. le Baron d'MENNEVILLE

DONT LA VENTE AURA LIEU

HOTEL DES COMMISSAIRES-PRISEURS

RUE DROUOT, 5

SALLE Nᵒ 3 AU 1ᵉʳ

Les Mardi 23, Mercredi 24, Jeudi 25 & Vendredi 26 Février 1858,

A UNE HEURE PRÉCISE.

Par le ministère de Mᵉ DELBERGUE-CORMONT, Cᵐ-Priseur,
rue de Provence, 8,

Assisté de M. VIGNÈRES, March. d'Estampes, rue de la Monnaie, 13,
A l'entresol, entrée rue Baillet, 1.

chez lequel se distribue le présent Catalogue.

Ainsi que le Catalogue des Autographes, celui des Médailles chez M. MOLIN

EXPOSITION GÉNÉRALE

Le Dimanche 21 Février 1858, de une heure à quatre.

1858

ORDRE DES VACATIONS

PREMIÈRE VACATION. — *Mardi 23 Janvier.*

DEUXIÈME VACATION. — *Mercredi 24.*

TROISIÈME VACATION. — *Jeudi 25.*

QUATRIÈME VACATION. — *Vendredi 26.*

M. Vignères, rédacteur du Catalogue et faisant la vente, se charge des commissions.

Au comptant.

Les acquéreurs payeront en sus des adjudications CINQ pour cent applicables aux frais.

La collection que nous présentons aujourd'hui est trop connue pour que nous ayons besoin d'en parler. Tous les amateurs savent avec quelle ardeur feu M. *J.-B. Fauchon, baron d'Henneville,* officier de la Légion d'honneur, ancien inspecteur du mobilier de la Couronne, collectait les pièces sur l'Histoire de France, et notamment les règnes d'*Henri IV* et *Louis XIII*; avec quel bonheur il réunissait les plus belles épreuves et les pièces les plus rares des *Briot, Léonard Gaultier, Thomas de Leu, Wierix,* etc. Sa collection de portraits d'Henri IV est la plus complète que l'on connaisse.

Joignant le goût des dessins à celui des gravures, il avait réuni quelques portraits dans le goût de Dumoustier, nombre de costumes de théâtre riches et curieux, goût de *Berain,* et autres dessins par les *Fragonard, Prudhon* et aquarelles diverses.

Les médailles et les autographes formaient le complément de sa collection.

ESTAMPES HISTORIQUES

PORTRAITS

1 **Franciscvs I. Francorvm Rex.** Beau portrait en bois. 1.25

2 **Francoys I. dv nom Roy de France,** Au bas quatre vers : *L'Italie creint encor, o grand Roy les alarmes.* Gravé par Thomas de Leu. Ép. de la plus grande beauté. 60

3 **Alienor d'Avstriche, Royne de France.** Au bas quatre vers : *Ainsi que le soleil vient à chacer l'orage,* par Tho. de Leu. Très-belle ép. 6 50

4 **Henricvs II. Galliarum Rex,** à mi-corps cuirassé, le bras droit appuyé sur son casque, dans un cadre d'architecture orné d'un H couronné ; en haut, sur les côtés, deux arcs et croissants, et autre croissant au bas. Superbe ép. avec 1 centim. de marge en plus du cuivre. Très-rare. Portrait goût de Rabel. 12 6

5 **Henry second Roy de France,** avec quatre vers : *Peintre si tu veux faire encore plus naturelle.* Très-belle ép. 4 50

6 **Henricvs II Dei gratia,** etc., Antuerp., apud Petrum de Iode. Très-belle ép.

7 **Catherine de Medicis, Reyne mère du Roy,** avec quatre vers : *Tous les siècles passez des Royautés humaines,* par Tho. de Leu. Très-belle ép. avec marge.

8 **Katherina regina Francorum** en pied, riche costume. F. H. *Hans Liefrinck excud.* Pièce extrêmement rare.

9 **Francois second Roy de France,** avec quatre vers : *Lors que cest arbrisseau plein de si belle fleurs.* Superbe ép.

10 **Francisevs II,** etc. — **Maria Regina Franciæ.** Recto et verso d'une grande médaille ovale, bronze doré, qui se trouve dans le cabinet de feu M. Lecarpentier de Honfleur.

11 **Maria Stvaert D. G. Scotiæ regina Dovag Galliæ.** Dirigée à droite, ovale équarri, grand in-8. Sup. ép., marge.

12 **Maria Stvard Scotiæ ac Franciæ regina.** Rond équarri, dirigée à droite, les armes dans les coins du haut ; les scènes de son supplice dans les coins du bas. Très-beau portrait in-4.

13 **Marie Stuart.** Augustus Thuanus, lib. 8, en pied, tenant la croix, son supplice au fond, in-8.

14 **Maria Regina Sco...tiæ,** dirigée à droite, ovale équarri, dans les coins du haut deux bras tenant palme et couronne de martyre sortent de fenêtres rondes ; dans les coins du bas les scènes de son supplice. *P. M. Ian Bussem ex.* Superbe portrait. Magnifique ép. in-4,

15 **Marie Stuart** reyne d'Écosse, tragédie *H. D. F.* (*David*), d'ap. Claude Vignon, scène de décapitation. Superbe ép. in-4.

16 **Marie Stuart**, reine d'Écosse et de France, par Et. Fessard, d'après F. Zucchero. Joli portrait in-8.

17 **La Fey royne d'Écosse**, avec quatre vers : *Je n'eus point de pareille en ma beauté divine.* L. Gaultier. P. Gourdelle ex. Belle ép. grand in-8, grande marge.

18 **Marie Stuart**, par Guntz, d'ap. A. Vander Werff. Très-belle ép. petit in-fol., marge.

19 **Marie Stewart Reyne de Fran. et d'Écosse**, avec quatre vers : *Et les belles beautez, et les grandeur plus grandes,* par Tho. de Leu. Très-belle ép., marge.

20 — Le même portrait, arrangé pour la suite d'Odieuvre, avec l'adresse. Belle ép., marge.

21 **Marie Stuart**. Fac-simile d'un dessin du temps, tiré de l'ouvrage de M. Niel. Très-belle ép.

22 **Charles IX du nom Roy de France**, avec quatre vers : *Si tant de grands guerriers, que la France feconde,* par Tho. de Leu. Très-belle ép.

23 — En pied, en cuirasse, dans une niche de riche architecture, tiré du livre de Schrenckius. Très-belle ép.

24 **Charles IX**. Fac-simile d'un dessin du temps, tiré de l'ouvrage de M. Niel. Belle ép.

25 — Le Feu R. Charle. — La Royne Élisabeth. 2 portraits, par Jacq. Granthome, P. Gourdelle ex. Très-curieux.

26 **Elisabeth d'Avstriche reyne dovairiere de France**, avec quatre vers : *Reynes, si quelque fois vous panchez les prunelles.* Très-belle ép., grande marge.

27 **Elisabeth d'Autriche** à mi-corps, devant le Christ. Au fond se voit le monastère dé Sainte-Claire qu'elle a fondé en Autriche. Beau portrait gravé par Henri Ulrich, intercalé dans un entourage de fleurs! Très-belle ép. Rare.

28 **Henry III** par la grace de Dieu roy de France et de Pologne, avec quatre vers : *Voici le preux HENRY le monarque français,* Robert Boissard fecit — Jean Le Clerc excudit. Portrait équestre avec bataille. Très-belle ép., marge.

29 **Henry III** de ce nom par la grace de Dieu roy de France et de Pologne avthevr et sovverain de l'ordre des chevaliers du St Esprit. 1579. *Iaspar Isac fecit,* réception d'un chevalier, sceau de l'ordre. Sup. ép., marge.

30 **Henry III roy de France et de Pologne** — en manteau de l'ordre du St-Esprit, avec quatre vers : *Un nuage peut bien empescher le soleil,* par Tho. de Leu. Très-belle ép.

31 **Henry III roy de France et de Pologne**, avec quatre vers : *Roy l'Honneur de ce siecle, et qui as l'auantage,* par Tho. de Leu. Très-belle ép.

32 **Henric. Rc. Franc. Elect. Pol. LXII**, avec son couronnement au bas, par Virgile Solis? Belle ép.

No.	Subject	Acheteur	Prix		No.	Subject	Acheteur	Prix	
7	Catherine	Comberousse	8					423	50
8		Comberousse	40		75		Harduin	6	
9	François II	Puybusque	80		90	defunct	Dobré	95	
10	″	Poyet	3		91	Bonroy	Harduin	10	
14	Marie Scott	Comberousse	68		95		Falcou	1	50
15	Marie Stuard	Puybusque	26		107	He. IV a cheval		8	
20		Boillon	1		108	plaquette	Harduin	9	50
24	Charles IX	Scheffer	7	50	113	Goltzius Henri IV	Harduin	26	
26	Elisabeth	Comberousse	2		114	Copie		3	
31	Henri III	Harduin	21		125-126		Falcou	1	50
34		Buszinski	8		137-138		Falcou	5	50
35		Harduin	5		139	a cheval		1	
41	assassinat	Buszinski	6		140	boule	Lorin	8	
42		Buszinski	9	50	144	monsome	Falcou	1	50
43		Jarriett	3	50	149	Pass		3	
47	Henri IV	Destailleurs	7		153	Rogers	Puybusque	9	
48		Destailleurs	8		160	Verdolose	Gellibert	8	
49 à 50			1			Armoiries	Destailleurs	1	50
54		Jarriett	36		164	l'alliance	Comberousse	35	
68		Jarriett	11		172	3 pim H. IV.	Dobré	70	
73	Priot	Dobré	71		173		Comberousse	5	
74	Brissart		1		179	Duchatel		2	
			423	50				733	50

33 **Henricus III D. G. Francorum et Po-
loniae rex M.D.LXXXVI**. Joli portrait,
goût de Wierix dans un cartouche.

34 **Henry 3 Roy de France et de Pol**. Superbe ép. tirée de l'inventaire de De Serres.

35 **Henricus III. Dei G. Franc. et Poloniæ
rex 1856**, avec quatre vers: *Voicy du Roy
HENRY trosième l'image*, et pour pendant son
frère François de Valois. 2 jolis petits portraits
gravés en bois.

36 — A mi-corps cuirassé, appuyant son bras gauche contre son casque, avec un sonnet au bas en
quatorze vers, tiré de Thevet. Très-bel ép.

37 — Beau portrait, par JÉRÔME WIERIX, avec quatre
vers: *Peintre afin que ton art imite la Nature*. Superbe ép.

38 **Louise de Lorraine**, avec quatre vers; *Ceste
belle Princesse en ce monde fut faite*, par THO. DE
LEU, d'ap. Quesnel. Très-belle ép.

39 **Massacre de la St-Barthelemy**, au mo-
ment où l'on jette Coligny par la fenêtre, par
Bouttats. Belle ép. in-folio.

40 La Saint-Barthélemy, avec les scènes diverses de
l'amiral Coligny, par Guil. Baudart. Belle ép.,
grande marge, petit in-fol.

41 Assassinats des Guises au château de Blois, par
Baudart. Pièce curieuse par les diverses scènes,
petit in-fol.

42 Jacques Clément communiant. — Assassinat
d'Henri III. — Le roi de Navarre Henri IV recevant
la couronne des mains d'Henri III. — Supplice
de Jacques Clément. Pièce curieuse, par Guillaume Baudart, 1616, à 4 sujets petit in-fol.

43 — Figure de Jacques Clément, telle qu'elle est représentée dans le livre de son Martyre, imprimé en
1589; l'assassinat est dans un rond, au milieu, et
dans les angles les scènes du supplice.

44 Arbre généalogique sortant de Saint Louis. A gauche, en haut, Henri III; à droite, Henri IV; au
fond, l'assassinat de Guise, 1586, et celui
d'Henri III, 1589. Pièce curieuse, goût de G. Baudart. Très-belle ép.

45 **Henri III et Henri IV** en chapeau, dans des
médaillons accolés par les armes de France et de
Navarre. Au-dessous l'assassinat d'Henri III, et
Henri IV recevant la couronne des mains
d'Henri III à son lit de mort, avec douze vers flamands au bas. Superbe pièce. Très-belle ép.

46 **Procession de la ligue.** *Pætrus Kærius excud.*
grande p. en deux feuilles. Très-belle et très-rare.

Portraits d'Henri IV.

47 ANONYMES. Henricvs IIII dei gratia Galliae, etc. Aet.
36, dirigé à gauche. Ovale entouré d'armes de
guerre. Superbe ép. in-8.

48 — — Même type et même légende. Les armoiries
sont dans les angles du haut, ceux du bas sont
ornements genre nielle, au bas : *Hericus IIII Galliæ et Nauarræ Rex, cumorte Henrici III. Galliæ
et Polloniæ Regis*, etc., en quatre lignes. Sup. ép.
in-8.

49 — Henri IIII, dirigé à droite, cuirassé, l'écharpe
voltige, des médaillons ronds avec emblèmes dans
les coins, quatre vers : *Ge Roy seul semblable a
soymesmes*, 1595. Très-belle ép. d'un portrait
rare, gr. in-8, marge.

50 — Henry IIII aagé de xlix. A 1600. dirigé à gauche,
cuirassé, l'écharpe voltige. Anagramme : *Henry de
Bovrbon Roy né de Bonheur.*

51 — Henricus IIII, etc., au bas : *The most noble and
Victorious Prince Henry The IIII. King of Fraunce
and Navarre*, en manteau royal, tenant le sceptre.
Très-belle ép. grand in-8, marge.

52 — Henri IV, dirigé à gauche. Superbe portrait
petit in-fol. rare. Ép. très-belle, mais rognée.

53 — Henricvs IIII Bor. D. G. Na. Galliæ Rex C.
ætat. ano 42. Dans le soubassement formé par le
cadre du portrait dirigé à gauche, se trouve la
scène de tentative d'assassinat par Jean Chatel, et
au fond son supplice. *Anno 1594 die 27 decemb.
Juuenis quidam*, etc.; en quatre lignes. Superbe
ép. d'une pièce très-rare, grand in-4, de la col.
Van Esdaille.

54 — Henricvs IIII, dirigé à gauche, cuirassé, la main gauche sur son casque. Superbe portrait. *Ætat. ano 44. 1595*. Dans le soubassement formé par le riche cadre, se trouve le combat de Fontaine-Française. Superbe ép. d'une pièce très-rare, grand in-4.

55 — Henri IV, cuirassé, en pied, debout sous un portique, entre la Sagesse et la France; au bas *Herculi sacr. Gallico*. Superbe ép. in-4.

56 — Henri IV à cheval, dirigé à droite. Sup. ép. in-8, marge.

57 — Henri IV à cheval, dirigé à gauche, quatre lignes latines : *Sorte bonâ hic Magnus*, in-4.

58 — Henry IIII par la grace, etc., agé de 44, 1596, à cheval, dirigé à gauche. Belle ép. in-4.

59 — Henri IV à cheval, titre de l'Histoire du roy Henry le grand de Hardouin de Perefixe. Très-belle ép. — Entrée à Paris, gravé par Dupuis, d'après Vleugels, in-4, 2 p.

60 — Henri IV à cheval, dirigé à droite, quatre vers : *Grand Roy qui feus l'appuy de la France accablée*. Superbe ép., grande marge, in-4.

61 — Henri IV à cheval, avec bataille au fond, vignette oblongue pour en-tête du titre de Mecometrie, 1603.

62 — Staine équestre d'Henri IV sur le Pont-Neuf; tiré des Antiquités de Paris, 1640. Belle ép. avec le texte.

63 — Henri IV à cheval foudroyant les furies, etc. Grande et belle pièce avec un péristyle de magnifique architecture.

64 — La statue de Henri le grand sur son piédestal. Grande et belle pièce, avec les armoiries, et cinq lignes à la Reyne, au bas.

14 50
Pécard

65 — Bois. Henricvs IIII en pied, tenant le sceptre et la main de justice dans un cadre ovale orné. — Petit buste dirigé à droite, âgé de 43 ans, 1594, ovale. — Petit buste dirigé à gauche, ovale, 3 p.

66 — Henry IIII King, etc., dirigé à gauche, ovale, entre l'Été et l'Automne. — Deux autres en buste dirigé à droite, — avec Charlemagne, titre, etc., 5 p.

1 50

67 Henri de Bourbon IIII dv nom, etc., médaillon au centre de *l'arbre genealogique du tres invincible et tres puissant Roy de France et de Navarre a present.* Pièce très-curieuse.

1

68 H. W. *Paulus Brachfeldt excud* Heinri IIII. Rex Franciæ et Rex Navarræ, de chaque côté de la tête; en haut : *Henricus II dei gratia Navarræ Rex princeps Bearn,* en deux lignes. Superbe portrait, très-rare, n'étant que roi de Navarre, grand in-4.

11 Vez

69 H. D. Henricvs IIII Borbonius, etc., couronné en manteau et colliers des ordres, dirigé à droite ; dans l'ovale sur un appui : *De bon Roy bon heur.* Charmant petit portrait intercalé dans un entourage d'ornement avec la Justice et la Prudence. Superbe ép. in-4.

7
Loiselet

70 ALBERT (Cherubin), Henri IV B. 124. Beau portrait entouré de figures allégoriques et ornements. Très-belle ép. petit in-fol.

6
Blaizot

Jarry 30
Doublée

71 Boissard (Robert). Henri IV à cheval, bataille au
fond, agé de 47 ans, 1599, avec quatre vers : *Voicy
le Preux HENRY le monarque François.* Très-belle
ép. in-4.

72 Bouttats (Gasp.). Henri IV couronné de lauriers,
ovale dans un cadre d'ornements, planches ajoutées
pendant l'impression. Belle ép. grand in-4,

73 Briot (J.), d'après Quesnel, Henri IV mort, exposé
dans la chapelle ardente, au Louvre. ÉPITAPHE
en quatre vers : *Toutes les vertus font le deuil,* etc.,
et au bas huit vers de chaque côté de l'adresse de
Nicolas de Mathoniere, 1610. Très-belle et très-
rare pièce historique. Superbe ép. petit in-fol.

74 Brissart (P.). Statue équestre d'Henri IV, élevée
sur le pont Neuf, en 1635. Belle ép. petit in-fol.

75 *Buchsenmacher* (Joan) *ex.* Henri IV couronné et
portant le manteau de l'ordre du Saint-Esprit.
Superbe ép. in-8.

76 Chenu. Henri IV âgé de 50 ans, d'ap. Porbus,
dessiné par G. de St-Aubin. Très-belle ép. in-4.

77 *Custodis ex.* Henri IV tenant le sceptre, couronné,
et avec le manteau de l'ordre du St-Esprit. —
Autre, tenant le sceptre, cuirassé et manteau royal.
P. de Iode excudit. 2 portraits in-8. Très-belles ép.

78 Dagoty? Henri IV, dit le Grand, etc., Port. grandeur naturelle. Gravé en couleur.

79 Dagoty *filius Major.* Henri IV, d'après Rubens,
manière noire, in-4. Belle ép.

80 *Daret ex.* Henri IV cuirassé, dirigé à droite. Carré
rare. Très-belle ép. in-4. — Autre, tenant le sceptre, cuirassé, et manteau, dirigé à gauche, les
armes à droite, en haut. *Franço Forma.* 2 portraits.
Très-belles ép. rares, in-4.

81 Davin, 1816, d'après lui-même. Henri IV en pied.
C'est le plus grand portrait qui existe.

82 Demarcenay. Henri IV. Superbe ép. av. toutes lettr.

83 — Le même. Très-belle ép. avec la lettre.

84 Desrochers. Henri IV coiffé du toquet à plumes,
in-8. — Autre, de profil à droite, par *Mathey,*
in-4, 2 portraits. Très-belles ép.

85 Dunkarton. Henri IV exposé dans la chapelle ardente, d'après Briot.

86 Dupin. Henri IV, d'après Rubens, profil à droite,
in-4. Très-belle ép. — Autre, contre-partie, rogné,
2 p.

87 Dupont. (*Henriquel*). Henri IV comme roi de Navarre, d'après un dessin du temps qui se trouve
dans la collection de M. Hennin. Sup. ép. avant
toute l., sur chine, l'ovale seul (8).

88 — Le même portrait, avant la lettre, chine avec
les filets.

89 Firens (*Pierre*). Henri IV couronné et couvert du
manteau de l'ordre du Saint-Esprit, au bas seize
vers : *A la Fleche en Anjou Henry le Grand conceu.*
Superbe portrait extrêmement rare. Très-belle ép.
petit in-fol.

90 — LE PORTRAIT DV DÉFVNCT ROY HENRY LE GRAND IIII
DV NOM ROY DE FRANCE ET DE NAVARRE EN SON LICT DE
DEVIL, avec huit vers : *France quand tu veoiras du
grand Henry la face*, 1610. Superbe ép. d'une
pièce extrêmement rare, in-4.

91 *Galle (Ph.) ex ?* Henricvs IIII Dei gratia Galliae et
Navarrae rex christianissimus M. D. C., dirigé à
droite. Très-belle ép. rognée à l'ovale, grand
in-4.

92 *Ganiere ex.* Henry de Bourbon roy de France et de
Navarre, dirigé à droite, avec six vers : *Alexandre,
Cesar, Scipion et Pompée.* Superbe ép. grand
in-4.

93 GAULTIER (*Leonard*). Le roy de Navarre, cuirassé,
dirigé à gauche, quatre vers : *Dessille un peu tes
yeux sang illustre de France.* Très-belle ép. in-8.

94 — De Bon—Roy—Bon—heur, sur des bande-
rolles ; dans les angles, charmant petit portrait
d'Henri IV, d'une grande finesse. Très-belle ép.

95 — Henri IV, avec quatre vers : *Après plusieurs com-
batz heureusement finis*, 1610, N. de Mathoniere.
Très-belle ép. in-4, avec marge.

96 — Henri IV tenant l'épée, cuirassé, *A Henri IIII
auguste*, etc., en six lignes. Superbe ép. in-8.

97 — Henri IV, cuirassé, couronné de lauriers : *A
Henry IIII auguste*, etc., en six lignes, *Dvo protegit
vnus*, deux fois répété en haut. Très-belle ép.
in-8.

N°	Sujet	Graveur	Fr.	c.
			733	50
190	Assassinas	Scheffer	37	
194		Jarriett	9	
197	Marguerite	o Dedroye	5	
198		o Falion	2	50
199 bis	Margot		8	
201	Marie Medicis	Jarriett	5	
209	Desrochers		1	
212	Medicis	Combarouse	15	
213		Hardin	13	
225		Combarouse	57	
229		Combarouse	5	
231		o Falion	4	50
235	Wierin	Combarouse	92	
236	Vosterman	o Falion	6	
250	Louis XIII à genoux	Dobre	3	
271	Mathurin		2	
272	armes d'autrui	Lignerole	2	
279	Pam Louis XIII	o Falion	8	
280			1	
289	Nanteuil	o Falion	23	
291	Saude Louis XIII	Jaubinet	59	
			1091	50

N°	Sujet	Graveur	Fr.	c.
			1091	50
293	Saude Louis XIII	Jaubinet	67	
303	Titer	Dobre	2	
310	Voyage à Metz	Charteur	23	
315	Genealogie	o Falion	1	
316	bis albus	o Falion	5	
317	Jean d'albret	Combarouse	49	
323	Amyot	o Falion	42	
329	Birague		1	
350	Doucher Huquin	o Falion	1	50
352	antoine de Bourbon		1	
354	Ch. des Moses	o Falion	5	50
357	Cath. de Bourbon	Combarouse	30	
365	Ch. de Bourbon	Ed. Fleury	2	
365 367	bis	o Falion	2	50
368	Ch. X	o Falion	4	50
369	vendome		1	
370	Soissons	Jarriett	5	
372	Heliover	Combarouse	95	
373	Francois		1	25
376	Montpure		3	
392	à cheval	Jarriett	18	50
			1452	25

98 — Henri IV coiffé du toquet à plumes, avec quatre   *1 2*
vers : *De la France deffaicte ayant refaict la France.*
J. le Clerc ex. — Le même, en quatre vers en typographie, à la place des autres : *Le soleil de Lu-
miere illumine les astres.* 2 portraits. Très-belle ép.
in-8.

99 — Henri IV en manteau avec fourrure, les colliers   *1 50*
d'ordre, tenant la poignée de son épée, dans la
main, avec quatre vers : *Ce grand Roy que tu voys
est rempliz de la grace.* Superbe ép. in-8.

100 — — Le même portrait, par un anonyme, pour   *1 25*
l'Histoire Anatomique d'André Laurent. Superbe
épr.

101 — — Le même portrait, avec le monogramme
L. G., au milieu du pommeau d'épée, avec quatre
vers : *Vaillant comme David, as dompté les Rebelles.*
l. le Clerc ex. Très-belle ép. in-8.

102 — Henri IV couronné et portant le manteau de   *3 75*
l'ordre, avec quatre vers : *Voy le pourtrait de
HENRY quatriesme.* Sup. ép. in-8, marge.

103 — Henri IV, cuirassé et couronné de lauriers; dans   *2 50*
un cartouche, *J. Messager excud.* Sup. ép. in-4.
Frontispice de l'Histoire de Henri le Grand, par
Scipion Dupleix.

104 — Henri IV, cuirassé et couronné de lauriers,   *4 50*
buste sur piédouche, dans une niche d'architecture à quatre pilastres cannelés. Sup. ép. in-8.

105 — — *Le Septre de Milice.* Henri IV, en pied, vêtu d'une riche cuirasse, tient un sabre de la main droite levée et coupe le nœud gordien; à gauche, à ses pieds, son casque orné de plumes; à droite, l'Hydre, dont il vient de couper les têtes. Superbe pièce extrêmement rare. Très-belle ép. in-4.

106 — Henri IV à cheval, dirigé à gauche; en haut, dans un cartouche : *Histoire de la guerre sous le regne du tres chrestien roy de France et de Navarre Henry IIII.* Superbe ép. in-8.

107 — Henri IV à cheval, dirigé à droite; au bas : *Ti-mebunt gentes nomen tuum : et omnem Reges terræ gloriam tuam.* Superbe ép. in-8.

108 — — Le même en-tête de tombeau de Henry le Grand, etc., tiré d'un plus long poëme par le sieur Metezeau, etc., 1611. Petite plaquette de 16 pages.

109 — Henri IV à cheval, dirigé à droite; au bas : *Praxitelem aut tanto manes date principi Apel-lem,* etc., en deux lignes, 1609. Très-belle ép. petit in-fol.

110 — Henri IV au milieu de sa famille. Superbe pièce historique. *J. le Clerc excu, 1602,* avec seize vers en quatre quatrains : *O que ce prince croist, les enfants des monarques.* Très-belle ép. petit in-fol.

111 — — La même composition en contre-partie, par un anonyme, avec seize vers en quatre quatrains : *France tu veoys dans ce petit tableau.* Très-belle ép. pet. in-fol.

112 GOLTZIUS (Henri). Henri IV. portant les colliers d'ordres. B. 173. Très-belle ép. d'un grand et beau portrait petit in-fol.

113 — Henri IV, dirigé à droite, armé d'un hausse-col et coiffé du chapeau (ætat. 40). B. 174. Superbe ép. d'un beau portrait in-8. Ovale très-rare.

114 — Le même portrait, par Clarck et Pine, 1719. Le nom de Goltzius s'y trouve (ætat. XL). Cette planche a des angles ombrés. Très-belle ép.

115 — Le même portrait, par un anonyme sans le nom de Goltzius. Très-belle ép.

116 — Le même portrait, en bois, ætatis 42 — 1594. Très-rare.

117 — Le même portrait, dirigé à gauche, tenant l'épée levée. Superbe ép., planche carrée in-8. Rare.

118 — Le même portrait, réduit, entre deux trophées d'armes, au dessus de deux colonnes de dix-neuf vers flamands, *Anno Domini 1595.*

119 — Le même portrait, dirigé à droite au centre de *Arbor gentilitia Henrici huius nominius 4,* etc. Très-belle pièce petit in-fol.

120 GOULD, d'ap. Pourbus, Henri IV en pied. Très-belle épreuve.

121 GRANTHOMME (Jacques). Henri IV décoré de la grand'-croix du Saint-Esprit, fleurs dans les angles, avec quatre vers. *Je trace seulement d'une ponce léger.* Superbe ép., marge, in-4.

122 Halbeck. Henri IV à cheval, avec bataille au fond, quatre vers en deux lignes : *Tout cède à la valeur du Phœnix des Monarques.* J. Le Clerc ex. Très-belle ép., petit in-fol. C'est la même composition que L. Gaultier, n° *109*.

123 Hondius (Henri), Henri IV avec les colliers d'ordres, âgé de 46 ans, 1598. Très-belle ép. in-8.

124 Jaxinet, Henri IV de profil, d'après Rubens gravé en couleur, ovale, petit in-fol. Belle ép.

125 Jode (P. de), Henri IV tenant le sceptre, autre avant la lettre par un anonyme, dans le gout de Moncornet. 2 portraits. Très-belles ép., marge.

126 Landry, Henri IV cuirassé, écharpe, couronné de laurier, 1662, avec quatre vers : *Fier et brave ennemy, doux et clément Vaincœur,* in-4. — Le même réduit in-8. avec les mêmes vers. 2 portraits. Belles ép.

127 Le Mercier (Jacques), Statue d'Henri IV érigée à Saint-Jean de Latran en 1608. R. D. 2. Pièce très-curieuse et extrêmement rare. Superbe ép., marge ; petit in-fol.

128 Leu (Thomas de), Henri IV, dirigé à droite, cuirassé avec l'écharpe, 1599, avec quatre vers : *Cet honneur des Bourbons Mars dedans les alarmes.* L. Grisel, R. Superbe ép. in-8.

129 — Henri IV, dirigé à droite, avec les colliers d'ordres, quatre vers : *Ce grand roy que tu voys est remply de la grace.* Très-belle ép. in-8, marge.

130. — Henri IV, dirigé à droite, avec les colliers d'ordres, costume riche, quatre vers : *Après avoir paincu
les plus braves guerriers.* Très-belle ép. in-8.

131. — Henri IV, dirigé à droite, couronné, avec les
colliers et manteau d'ordres, quatre vers : *Voy le
portraict au vif de Henry quatrième.* Très-belle ép.
grand in-8.

132. — Henri IV, dirigé à droite, couronné, avec le col-
lier du Saint-Esprit seulement et manteau. Superbe
ép., coupée à l'ovale, in-4.

133. — Henri IV dirigé à droite riche costume, coiffé
d'un chapeau avec plumes et aigrette tenus par une
agrafe de diamants, quatre vers : *Ce monarque
françois tout grave de victoire.* Très-belle ép. in-4,
marge.

134. — Henri IV, dirigé à gauche, les colliers d'ordre
sur un manteau à fourrure, il tient le pommeau de
son épée, quatre vers : *Ce grand roy que tu voys est
remply de la grace.* Superbe ép. in-8.

135. — Henri IV, dirigé à gauche, médaillon dans une
riche composition d'architecture avec allégories la
Force, la Justice, l'Architecture, la Peinture, la Clé-
mence, la Foy, Bataille: cartes de France et de Navarre, etc., etc., quatre vers en deux lignes : *En
vain ay ie icy paint sous differends visages,* Isaie
Fournier, inven., 1596. Superbe pièce, très-belle
ép. petit in-fol.

136. — Henri IV couronné de laurier, buste sur piédouche, d'après Bunel, dans une niche avec pilastres cannelées. 1605. Très-belle ép. grand in-4.

137 — Henri IV en pied assis sur un trône composé
de cuirasses et armes de guerre, tenant le sceptre
et la main de justice. Très-belle ép. in-4.

138 — Iehovah, avec le paradis, purgatoire et enfer,
au bas à gauche Henri IV et la reine à genoux derrière le pape. Jolie pièce, curieuse, in 4.

139 — Henri IV à cheval, âgé de 45 ans, 1596, dirigé
à gauche, avec quatre vers : *Henry race des Dieux
le plus puissant des Roys.* Belle ép. grand in 8.

140 — Boule fleurdelysée, reposant sur le sceptre,
la main et l'épée de justice sur un piédestal ayant
H enlacé de rameaux sur ses faces, le soleil brille
surmonté d'une banderole : *Orbi Lumen columen
que suo.* Superbe ép. in-4.

141 Lommelin (A.) Henricvs IV coninck van Vranckryck.
Très-belle ép. petit in-fol.

142 Massard père et Bertonnier. Henri IV et sa famille
d'après Van Dyck.

143 Moitte, d'après Lepicié, Henri IV de face, portrait intercalé au tirage dans un cadre orné de
fleurs. Belle ép., petit in-fol.

144 Moncornet, Henri IV cuirassé, avec l'écharpe dirigé
à gauche, cadre octogone. Très-belle ép., rare,
in-4.

145 — A cheval au galop vers la droite, au fond la bataille d'Ivry. Très-belle ép., in-4.

146 Morin, Henri IV, R. D. 60, pet, in-fol.

147 Muller, Henri IV dans un entourage allégorique
d'après Gérard et Percier.

148 *Orlandi formis, Romæ, 1600.* Henri IV cuirassé tenant le sceptre, dirigé à gauche, les armoiries sont en haut de chaque côté. Belle et rare ép., in-4.

149 Pass (Crispin de). Henricvs IIII Borbonivs D. G. Franciæ Galliæ et Navarræ rex christianissimvs, 1596, avec allégorie dans les coins, dirigé à droite, cuirassé, l'écharpe voltige derrière la tête. Très-belle ép., marge, in-8.

150 — Henri IV comme roi de Navarre, ÆTAT. ANN : 38, premier état de la planche, dirigé à gauche, avec baudrier couvert de perles et diamants, coupé à l'ovale, in-4.

151 — Le même ÆTAT. ANN. 40, autour de l'ovale Henricvs eius nominis IIII tus, etc., la figure changée, il porte barbe et fraise, in-4.

152 Pass (Simon de). Henr. : IIII Christ : re, Maria Augusta, deux profils superposés. Ép. tirée d'une plaque d'argent ovale, avec le revers, les armoiries couronnées entourées des colliers d'ordres. Très-belles ép., marge.

153 Rogeas (Williams). Henricus Borbonius 4, Rex Franciæ et Navarræ, ordin. S. Spiritus Eques supremus, fol. 86, en pied et debout, couvert du manteau et des colliers d'ordres. Très-belle ép., rare, grand in-4.

154 Ruotte. Henri IV d'après Pourbus. Ép. Bistre grandeur naturelle.

155 Sichem (C. van). Henricvs 4 Bourbonivs, etc., à cheval dirigé à gauche, armoiries en haut à droite. Superbe ép., marge, grand in-4.

156 SWAINE (J.), Le sceptre de Milice, in-4. — Henry the Fourth, par *Scriven*, in-8, 2 p. Très-belles ép., marge.

157 TARDIEU, Enfant en pied à l'âge de 4 ans, d'après Janet.

158 TEMPESTE (Ant.), Henri IV à cheval, au galop à droite, avec bataille au fond.

159 TURNER d'après Elstrake, à cheval. Sup. ép., *Proof*.

160 VERDOLOSE *scp*. Henri IV, etc., à cheval dirigé à gauche, le fond est de Callot, *se vend à Strasbourg chez Fietta, etc.* Ce portrait n'est pas Henri IV, mais le duc d'Epernon par Michel Lasne; c'est un état curieux, la figure n'a pas été touchée.

161 WIERIX. Henri de Bovrbon roy de Navarre, jeune, cuirassé, dirigé à droite. Sup. ép. rognée à l'ovale.

162 WIERIX (Antoine). Henry IIII roy de France et de Navarre, etc., dirigé à gauche, cuirassé, avec l'écharpe. Sup. ép. d'un très-joli petit portrait.

163 WIERIX (Jérôme). Henricvs Borbonivs D. G. Rex Navarræ, dux Vendomiæ, cornes, Bearny, etc., étant jeune dirigé à gauche dans un ovale. Sup. ép. d'un très-joli petit portrait.

Pièces historiques sur Henri IV.

164 *L'aliance du Roy de France avec Marie de Médicis, princesse de Florence*; ils sont en pied en riches costumes. Jésus-Christ les unit et deux anges les couronnent, avec 8 vers en 4 lignes : *Dieu qui voit d'un œil doux le royaume de France.* Très-belle ép. petit in-fol.

No	Nom		Montant	c	No	Nom		Montant	c
			1452	25				1680	50
295	Bourein		1	25	470	Mariage	Jarrett	2	
397	Boulard	Saubines	4		473	Jeaundien	Comberouse	25	
398	Boulard	Saubines	5		485	Leon XI		1	
399	Dudos	Comberouse	6		489	Lestang	Comberouse	11	
400	Camargo	Hardinu	18		493	Lorraine	Poyet	2	
402	Castelnau	Poyet	6		495	Le	Poyet	8	
407	Charron	Eschasserian	5		512	Malheubur Envoyé à	Jarr	15	
416	Conty	Comberouse	18		513	Morge	Comberouse	3	
428	Duvois	Jarrett	6		514	Main	Comberoun	8	
434	Elisabeth	Puybusque	30		575	Marie d'angleter	Puybusque	20	
435	Elisabeth	Puybusque	16		521	Masson		1	
441	Farnese	Jarrett	1	50	529	Georgette	Chastenc	25	
448	Gab d'Estin	Comberoun	18		549	Romeau	Savy	3	
451	Goligai	Comberoun	31		557	Ramens	Jarr	8	
453	Gamacho		1			Raycourt	Nugent	9	
456	Gaudi	Jarruto	6		552	Ravaillac	Gellibeu	108	
460	Gramineau	Gramineau	13		553		Gelliben	71	
461	Gramen	Gramen	1		555		Gellibeu	19	
462	Gumpelzaimer		1	50	556		Gellibeu	17	
467	Henriette	Puybusque	35		558		Gellibeu	3	
468	Henrett	Comberoun	5		563	Rohan	Falcon	1	50
			1680	50				2041	

165 Mariage d'Henri IV, à gauche Mars et Hercule
tenant ses armes, à droite Pallas tenant les armes
des Médicis tiré de l'Histoire des Médicis. Belle ép.
petit in-fol.

166 Henri IV. et Marie de Médicis, deux charmants
petits portraits supérieurement gravés par un anonyme dans une couronne de lauriers : *Hoc reges
habent*, etc. Sup. ép.

167 Henri IV et Marie de Médicis, assis près l'un de
l'autre, vus en buste. In-4, en travers.

168 Henri IV et Marie de Médicis debout en pied, avec
les armoiries couronnées entre eux, in-4.

169 Arbre généalogique des rois de France capétiens,
deux jolis portraits d'Henri IV et son épouse en
bas à droite au-dessus du plan de Lutèce, le pied
de l'arbre est devant la ville de Rouen. Grande
pièce en 2 feuilles, rare.

170 Boisseau (Jean). Plan de la ville, cité université, etc.,
de Paris, 1650; au revers : — la statue équestre
d'Henri le Grand, restaurateur de la liberté française, élevée sur le Pont-Neuf; — la statue à cheval de Louis le Juste, auteur de la grandeur française, dressée en la place Royale. Sup. ép. d'une
pièce curieuse et rare, in-fol.

171 Henri IV et Louis XIII, médaillons accolés. — Le
même avec Louis XIV, ajouté au-dessous, 2 p.

172 *Entrée d'Henri IV par la porte Neuve.*
Henri IV se rendant à Notre-Dame.
Henri IV à la porte Saint-Denis voit sortir les Espagnols; 3 belles pièces historiques entourées de
textes d'après Bollery, J. Le Clerc ex.

173 Henri IV, tenant par la main la France éplorée, combat un moine à queue de serpent; pièce hollandaise curieuse, avec douze vers au bas.

174 Henri IV à table à un repas de seigneurs et dames en riches costumes, *Ph. Galle ex.* Très-belle ép.

175 Henri IV touchant les écrouelles. *P. Firens excud·* Très-belle pièce, rare, avec texte typog. au bas.

176 Fêtes et cérémonies de l'abjuration d'Henri IV à Saint-Denis, 25 *July ao, 93.* Belle pièce historique à l'eau forte, petit in-fol.

177 Cortége d'une entrée triomphale à Lyon. Pièce très-curieuse à l'eau forte.

178 Duchâtel cherchant à assassiner Henri IV, au fond par les fenêtres, l'on voit son supplice. Pièce historique curieuse par G. Baudart. Sup. ép. pet. in-f°.

179 Même composition contre-partie, au fond par les fenêtres l'on voit la sortie des Jésuites et son supplice. Pièce anonyme, très-rare, 1594, petit in-fol.

180 Henri IV donnant l'édit de Nantes, gravé par Jean Luyken, 1599. Sup. ép. petit in-fol.

181 Henri IV et sa femme visitant l'atelier d'un orfèvre à Paris, genre Nielle par un orfèvre français, 1603. Cette pièce très-curieuse est entourée d'ornements, bataille, chasse, allégories. Très-belle ép. extrêmement rare, avec quatre vers : *Puisque l'or et l'argent deux astres de ce monde.*

182 Titre du Voyage du roy à Metz, où se trouve le portrait d'Henri IV, 1610. — Le roy sous le Daiz entrant à la ville de Metz. 2 pièces très-curieuses coloriées.

Assassinat d'Henri IV par Ravaillac.

183 — Au bas du titre Elixir Jésuiticum — au fond du titre de l'histoire de Louis XIII — autre, en travers, avec le supplice devant les saints Innocents. 3 petites pièces in 8. Belles ép.

184 — Petite pièce avec 12 lignes en hollandais et 14 lignes françaises. *Voila, amy lecteur vn malheureux.* — Abjuration à Saint-Denis. — 2 pièces. Très-belles ép.

185 — Autre avec texte, au verso la condamnation et exécution de Ch. de Gontaul Biron. — Autre plus petit. 2 pièces. Belles ép.

186 — Assassinat d'Henri III — assassinat de Coligny — assassinat d'Henri IV. 3 pièces très-belles, grand in-8, en travers.

187 — Assassinat d'Henri IV. Du côté gauche et à droite, les scènes de l'exécution de Ravaillac, grand in-4 oblong. Très-belle ép. marge, rare.

188 — Autre avec seize vers hollandais en quatre lignes. Très-belle ép., petit in-fol.

189 — Autre; au bas *veermooding van Hendrick*. Très-belle ép. petit in-fol. oblong

190 — Autre avec les scènes de l'exécution au fond. Pièce très-curieuse et très-belle in-fol.

191 — Autre par Caspar Luyken. Sup. ép. in-fol.

192 — Autre par Bouttats. Très-belle ép. in-fol. marge; au bas *Massacro de Henrico*, etc.

193 — Autre, Gaspard Bouttats fecit Antwerpiæ, au bas *Massacre d'Henri le Grand*, etc., chez Odieuvre, in-fol.

194 — Supplice de Rayaillac avec 46 vers hollandais en quatre ligees, pet. in-fol. Très-belle ép.

195 Marche processionnelle du convoi d'Henri IV, en 6 longues bandes, très rare et curieux pour les costumes.

196 Le tombeau d'Henri IV, par Halbeeck, avec les sixains de la France, l'église, la noblesse, le tiers-état, le quatrain au passant, dédié à la reine. Grande et très-belle pièce, rare.

197 **Marguerite de Valois** par Crispin de Pas, Harewin, Fessard, Desrochers. 4 portraits, pourront être divisés.

198 — Par Miger et autres. 3 portraits.

199 — Portraict av Natvrel de la royne Margverite faict en septembre 1605. — *P. Firens fecit 1. Le Clerc excu*, avec quatre vers : *Ce portraict figurant les doux traicts du visage*. Très-belle ép., marge.

200 **Marie de Médicis.** Trois charmants petits portraits anciens, in-18, à des âges différents. Très-belles épr.

201 — Serenissima Doma Maria de Medices, etc. *The mighty Princesse*. Portrait curieux avec texte anglais. Très-rare.

202 — Maria de Medices D. G. Galliæ et Navarræ reg. vxor Henr. IIII.

203 — Marie de Medicis Royne; anagramme : je me dis ja mere d'vn roy. Riche costume, toute marge.

204 — Serenissima domina Maria Medicea, etc., quatre lignes latines : Aspectus potuit varios qui pingere pictor. Sup. épr. marge.

205 — Joli portrait de Marie de Médicis sur la tige d'un arbre que l'on arrose, cinq rejetons fleuris dont Louis XIII au milieu du haut. Superbe ép.

206 — Marie de Médicis, assise sous un dais du haut duquel trois Amours lui présentent des fleurs. Sup. ép.

207 — Catherine et Marie de Médicis. 3 portraits.

208 — Couronnement de Marie de Médicis. Portrait in-8, 2 pièces.

209 — DESROCHERS et FESSARD pour Odieuvre. 2 portraits.

210 — FIRENS excudit 1610. En veuve étant régente, quatre vers : *Combien que ce soleil, merveille de beauté.* Très-belle ép. rare.

211 — FORNAZERIS. Assise tenant l'épée de la main droite et la corne d'abondance de la gauche. Charmante pièce, allégorie, très-belle épr.

212 — GALLE excud., dirigée à gauche dans un ovale; quatre lignes latines : *Aspectus. potuit. varios qui pingere pictor.* Sup. épr. in-4.

213 — GAULTIER (L), dirigée à gauche, coiffée du bonnet noir. Superbe ép. in-8, marge.

214 — — 1601, dirigée à gauche, costume très-riche; quatre vers : *Si le Ciel veult donner a ceste monarchie.* Superbe ép. marge, grand in-8.

215 — — En veuve en pied, le fond est semé de larmes. Superbe ép. in-4.

216 — GIAMPICCOLI (Giuliano). Marie de Médicis et ses cinq enfants, composition formant le haut cintré d'une porte, d'après Franceschini.

217 — Granthome (Jacques). Marie de Médicis, dirigée à gauche, jeune, en 1601, avec quatre vers : *Il faudrait un Paris pour faire ce pourtrait.* Superbe ép. in-4, marge.

218 — Haluech (Adrien). Beau portrait en grand costume tiré de la famille d'Etrurie. In-fol., belle ép.

219 — Harewyn. Petit portrait in-8. Belle ép.

220 — *Hondthorst* (d'après). Beau portrait entre deux anges, tiré de son entrée à Amsterdam, 1638. Très-belle ép. in-fol.

221 — *Petrus de Iode ex*, d'après Van Dyck. Maria de Médicis, 1re ép. ovale. — 2e état avec des anglès. 2 portraits, très-belles ép.

222 — Leu (*Thomas de*). Marie de Médicis, princesse de Florence, dirigée à droite, avec quatre vers : *Princesse dont le nom honnora ta naissance.* Superbe ép. in-8, rare.

223 — — Dirigée à gauche, costume très-riche, quatre vers : *Pour bien heurer les jours de mon vnicque prince.* Superbe ép. grand in-8.

224 — — Dirigée à gauche, couronnée, costume royal, portrait ovale. Très-belle ép. in-4.

225 — — D'ap. F. Quesnel avec quatre vers : *Voicy le vray Portraict d'une Royne Pudicque.* Magnifique ép. in-4.

226 — — La couronne de justice, d'après Fournier. Très-belle ép. d'une superbe pièce très-rare.

227 — — La couronne de justice avec quatre vers : *Celle je suis qui fais regner les Roys,* par un anonyme. Très-belle ép., marge.

228 — MERLEN (Th. J. Van) d'ap. Diepenbeeck. Marie de Médicis sous la figure de **Sancta Oda** et son fils. Superbe ép., marge.

229 — *Moncornet ex.* Beau portrait in-4, octogone, rare. Superbe ép.

230 — MONTAGNE (Nicolas de Platte) d'après Porbus. Marie de Médicis R. D. 25. Superbe ép.

231 — PASSE (Crispin de), 1601. Etant jeune, dans un rond avec six lignes latines. Très-belle ép. in-8.

232 — — Couronnée par deux enfants qui soutiennent la draperie, avec quatre vers : *Cette Reine en atraits aussi bien qu'en pouvoir.*

233 — *Sadeler excudit.* La serenissima madama Maria de Medici, etc. Superbe ép. grand in-8, toute marge.

234 — SOMPEL. Maria Coniux Henrici IV, d'après Van Dyck. Superbe ép., marge.

235 — WIERIX (Jean), 1601. Etant jeune, costume superbe, magnifique portrait. Epreuve de toute beauté, in-4. Rare.

236 — VORSTERMAN. A genoux et priant, au bas : *La Royne Le Saint Esprit est createur.* — Mais jen suis la Restauratrice.

237 — Par divers Graveurs et Lithog. 7 p.

238 — Marie de Médicis, veuve, et Louis XIII enfant roy; en haut : *Maria Medicea Henrici 4. Gallorum Regis relicia Vidva. Ludovicus 13 Henrici 4 F. Gallia et Navarra Rex.* Superbe ép. d'une très-belle p., petit fol. en travers.

239 **Couronnement de Marie de Médicis** à Saint-Denis, par *L. Gaultier*, 1610, d'après N. Ballery. Très-belle ép. d'une belle p. rare, petit in-fol. en travers.

240 La Reyne Régente, la Reyne d'Angleterre, la Duchesse de Savoye offrant leurs cœurs à l'Enfant Jésus tenu par sa mère à gauche, titre des Epistres morales par *G. Huret*. Très-belle ép.

241 Un Peintre agenouillé à gauche dessine le portrait de Marie de Médicis, assisé à droite, entourée de trois dames. Superbe ép. marge.

242 Entrée de la Reyne Mère dans les villes des Pays Bas. Titre où Marie de Médicis embrasse Isabelle-Claire-Eugénie, par C. Galle.— L'entrée de la Reyne Mère à Mons. — L'entrée à Bruxelles. — Anvers, par A. Paulus. — 4 pièces, superbes épr.

Portraits de Louis XIII.

243 **Lvdovicvs XIII**, etc. Cuirasse très-riche, dirigé à droite dans un ovale équarri, in-8. Très-belle ép.

244 **Lvdovicvs XIII**, etc., seulement avec le haussé-col, dirigé à droite, le haut est un portique avec trophées d'armes dans les angles. Très-belle ép. grand in-8.

245 **Ludouicus XIII**. — Gaston, frère unique. 2 portraits in-8.

246 **Lodovicvs XIII**, etc., couronné, en manteau de l'Ordre. Très-beau portrait in-fol. Superbe épr.

247 **Louis XIII** enfant, couronné et en manteau
royal, tenant le sceptre et la main de justice, debout devant le trône, le Saint-Esprit vient du coin
gauche l'éclairer. Superbe ép. marge, d'une pièce
très-rare, in-4.

248 **Lvdovicvs XIII,** etc., jeune, à cheval, dirigé à gauche, couronné et tenant le sceptre, avec
huit vers : *D'un Roy, a qui le Ciel et la vertu ensemble.* Très-belle ép. rare, in-4.

249 Bosse (A.). Louis XIII. d'ap. Montier. Très-beau
buste sur piédouche entre des palmes formant un
rond où se trouvent Les Palmes du Juste par le
sieur Du Perron, 1635. Sup. ép. in-4.

250 — Louis XIII agenouillé devant le Christ et priant.
Superbe ép. marge.

251 Boulanger. Louis XIII — Jacques Ier. — Urbain VIII. 3 portraits en pied et le titre. Le theatre
de l'univers. 4 p. in-8. Très-belles ép.

252 Briot, 1618. Lvdovicvs XIII, etc., buste sur un
piédouche, dans une niche d'architecture soutenue
par deux cariatides. Superbe ép. petit fol.

253 Brun (J.). Ludwig der XIII, etc., enfant à cheval coiffé d'un chapeau, dirigé à gauche, avec
quatre lignes latines et quatre vers français : Fleu-
ron des Lys sacrez Fils d'Henry quatriesme. Belle
ép. marge, in-4.

254 — Le même un peu plus grand, supérieurement
gravé par un anonyme.

255 Daret, 1643, à cheval, vu presque de face, dirigé à
droite. Belle pièce, rare, grand in-4.

3

256 De Lorraine, d'après Champagne. Louis XIII,
in-4.

257 Firens. L'avgvste povrtraict de Monseignevr le
Davlphin av natvrel, 1604, d'après J. Le Pileur,
avec quatre vers : *Limage de Pallas garda longue-
ment Troye.* Superbe ép. in-4

258 — Lvdovicvs XIII, etc., D. Anna d'Avstria, etc.,
2 médaillons accolés, avec vers au bas. Très-belle
ép., rare, petit in-fol. en travers.

259 Fornazeris, Lovys XIII dv nom, etc., enfant, à
cheval, coiffé d'un chapeau, dirigé à droite, avec
quatre vers : *De ce Roy on a peu imiter le visage,* etc., 1610. Très-belle ép. in-4.

260 Gaultier (Léonard), 1611. Louis XIII en pied, de-
boût, enfant, en roi, le chapeau avec aigrette; à
gauche, la couronne, le sceptre et la main de
justice sur une table armoriée; à droite, le trône.
Superbe ép. d'une charmante pièce très-rare,
in-8.

261 — Lovis XIII, etc., jeune, couronné, en manteau,
tenant le sceptre et la main de justice. Superbe ép.,
marge, in-4.

262 — A genoux et priant au ciel; à droite, un Jéhovah.
Superbe ép. in-8.

263 — Lovys XIII, etc., 1629. — Anne d'Avtriche, etc.
Médaillons presque ronds entourés de fleurs. 2 portraits. Très-belles ép. in-4.

264 Granthome (J.), 1602. Portraict av natvrel de monseigneur le Davphin, etc. Enfant tenant un serpent
de chaque main. Superbe ép. in-4.

265 Kilian (Wolf.). Lvdovicvs XIII; ovale équarri avec dix lignes latines. — J.-B. Gaston de Bourbon. Superbe ép., marge. 2 portraits.

266 Lasne (*Michel*). Louis treziesme, etc., 1632. Très-belle ép. d'un beau portrait in-fol.

267 Leu (Thomas de). Portraict au natvrel de monseignevr le Davlfin, etc., né en 1601, avec quatre vers : *France cerchant son heur fut de vous désireuse* ; enfant, costume riche, tenant une lance de la main droite et un lis à trois fleurs de la gauche. Très-belle ép. in-4.

268 — Lovys XIII, etc., à cheval, dirigé à gauche, tête nue, au fond la vue de Paris, avec six vers : *Grand Roy fils d'un grand Roy grand en toute valeur.* Superbe ép., marge, in-4.

269 J. A Lone ? Luigi Terzo Decimo, etc. In-4.

270 Mallery. Portraict apres le natvrel de monseignevr le Davlphin, aagé de 7. moys en avril 1602, avec huit vers. Enfant en maillot tenant son hochet de la main droite. Très-belle ép. d'une pièce d'une grande finesse d'exécution.

271 *N. de Mathoniere ex.* Loys de Bovrbon XIII, etc., avec quatre vers : *Le Ciel voulant combler la France de bonheur.* Superbe ép. in-4.

272 — Anna Austriace, etc., avec quatre vers : *Martelz vous deues estre en peyne.* Superbe ép. in-4.

273 — Jean-Baptiste Gaston, avec quatre vers. Superbe ép. in-4.

274 — Lvdovicvs XIII, etc. *Si modo se monitis attentum præbeat.* Sup. ép. J. Meyssens ex.

275 MELLAN d'ap. *J. Le Grain Polonais.* Titre avec Louis XIII à cheval. Superbe ép. in-fol.

276 MERIAN. Lovys de Bovrbon XIII, etc. Médaillon entre des guerriers, en haut une bataille, en bas deux prisonniers et des trophées d'armes, *a Paris chez Jean Le Clerc.* Très-belle ép. in-fol.

277 *J. Messager ex.* Enfant à cheval, dirigé à gauche, coiffé d'un chapeau entouré d'une bordure formée d'une rangée de fleurs de lys, avec quatre vers : *Vray support de l'Estat qui comblerez la France.* Superbe ép., marge, in-4.

278 *Moncornet ex.* Lovis XIII roy, etc., à cheval galopant vers la droite, au fond une bataille. Superbe ép. in-4.

279 PASSE? Portrait apres le natvrel de monseignevr le Davphin aagé de VII moys en avril anno domin. MD.CII, quatre vers : *Prince donne du Ciel croissez pour ceste France,* et deux lignes latines. Superbe ép. grand in-8.

280 — Lvdovicvs XIII christianissimus, etc., entouré des médailles des Rois et autres allégories, avec quatre vers : *C'est icy le parfaict Image.* Très-belle ép. in-fol.

281 PASSE junior. A cheval galopant à droite, au fond une bataille, avec quatre vers : *Neveu du grand Hercule, aux rais de ton visage.* Très-belle épr. in-4.

282 PICART (J.). Lvdovicvs XIII. Hic belli pacisque decvs; buste sur un piédouche dans une niche d'architecture. Belle ép. gr. in-8.

283 — A cheval galopant à gauche, titre du 13e livre
du *Mercure français*, — titre du huitième, —
Louis XIII entre les quatre parties du monde. 3 p.
belles ép.

284 — A cheval au galop à gauche; dans l'entourage,
le siége et la levée du siége de Cazal, Suze, Pigne-
rol, avec huit vers : *A veoir ce grand monarque en
ce degré supresme*, d'après A. Bosse. Superbe ép.
in-fol.

285 **Généalogie de la Maison de Bourbon**
depuis saint Louis jusqu'à Louis XIII. Pièce curieuse en trois feuilles. Rare.

286 Louis XIII et Anne d'Autriche à mi-corps sur le
devant, au fond la Vierge présente Jésus à sainte
Élisabeth, au bas *Pulcher est dilectus meus*, etc.,
dédié à la Reine par Anne Moncornet. Superbe ép.
très-rare.

287 **Anne d'Autriche.** Fleurissez immortelle et
que par vos bienfaicts; *David d'ap. Ferdinand.*
Beau portrait petit fol.

288 — A genoux devant la Vierge qui a le Christ
mort sur ses genoux. *I. Picart.* Pièce curieuse
in-8.

289 — Buste fort comme nature, *R. Nanteuil ad vivum
pingebat sculpebat, 1666.* Ep. de 1er état R. D. 23.

Pièces historiques sur Louis XIII.

290 **Sacre de Louis XIII**, 1610, par *P. Firens*
d'après *F. Quesnel.* Très-belle ép. d'une pièce
très-rare.

291 **Sacre de Louis XIII**, par *Th. de Lieu* d'après *Quesnel*, avec douze vers. Très-belle ép. d'une pièce très-rare. *déchirée en travers*

292 **Sacre et Couronnement de Louis XIII**, par *Halbeeck*. Grande et belle pièce avec texte explicatif autour. Superbe ép., la petite bordure en typographie est coupée.

293 — La même pièce avec la bordure en typographie, doublée.

294 Lit de justice du roi Louis XIII. — Bal du roy et la reyne. 2 jolies pièces grand in-8, en hauteur.

295 **Mort du Maréchal d'Ancre**, 24 avril 1617; au fond les scènes du peuple à ce sujet. Pièce très-rare.

296 **Procès du maréchal d'Ancre**. Estampe en six compartiments, depuis son assassinat jusqu'au brûlement de son corps par le peuple. Pièce à l'eau-forte, in-fol., très-curieuse et rare.

297 **Histoire véritable de la vie et mort de Conchini**, prétendu Maréchal d'Ancre, et de sa femme. Estampé en neuf compartiments où sont représentés son assassinat, les tortures que l'on fit subir à son corps extrait du cimetière, le supplice de sa femme, etc. Superbe pièce avec texte en vers et en prose, magnifique ép. très-rare.

298 **Supplice du maréchal de Biron** dans la cour de la Bastille, à Paris. Pièce à l'eau-forte, rare.

299 **Estrennes au Roy**. En tête d'un almanach; au milieu Louis XIII agenouillé couronné par saint Louis; derrière lui, Gaston et les grands dignitaires de l'État. Pièce curieuse et rare.

300 **Assemblée des Notables** à Rouen, en 1617, avec description en typographie au bas. Cette magnifique pièce est gravée par *Ziarnko*, polonais. Extrêmement rare.

301 Louis XIII prenant des leçons d'équitation; tiré de Pluvinel par *C. de Passe*. 5 pièces, très-belles ép., très-intéressantes pour les personnages qui s'y trouvent. Pourra être divisé.

302 **Titre.** Les armes et blasons des chevaliers de l'Ordre du Saint-Esprit, etc. Scène du serment présidée par Louis XIII. Pièce de la plus grande finesse d'exécution, par P. Fireus. Superbe ép. grande marge.

303 **Titre.** Le quatorziesme tome du *Mercure françois*, 1629, avec bataille. Très-belle ép.

304 Comme le Roy donne l'accollade et fait les chevaliers de Saint-Michel. Superbe ép. par *Ab. Bosse*.

305 Louis XIII entouré de Gaston et des grands dignitaires, reçoit la dédicace d'un livre de médecine. Superbe ép. par *Crispin de Passe*.

306 **Vœux de Louis XIII et de la Reine**, entourés de quatre saints, par *Daret*. Belle pièce, très-belle ép., rare.

307 **Les vœux dv Roy et de la Reine à la Vierge.** Très-belle ép. par *Ab. Bosse*.

308 **La joie de la France.** Très-belle ép. d'une superbe pièce par *Ab. Bosse*.

309 **Ostel de Bourgogne.** Superbe ép. d'une pièce très-rare, par *Ab. Bosse*.

310 **Voyage de Louis XIII** à Metz ; arcs de triomphe avec la conquête de la Toison-d'Or ; chars et autres décorations. 12 pièces dans le goût d'Ab. Bosse.

311 Le restablissement des Ecclesiastiques en Bearn. Louis XIII, en Romain, mettant le pied sur l'Envie terrassée, avec six vers.

312 **Lovys XIV** par la grace de Dieu, etc., jeune, à cheval, dirigé à gauche. *Moncornet ex.* Superbe ép. in-4.

313 **Le duc d'Anjou** à cheval, dirigé à droite, avec une vue de Paris au fond. *Moncornet ex.* Superbe ép. in-4.

314 Minerve prenant sous sa protection Armand de Bourbon Conty que la France lui amène. Grande et belle pièce par *Grégoire Huret.*

315 Généalogie de la Maison d'Albret jusqu'à Louis XV. Grande pièce manuscrite.

Portraits de personnages divers.

316 **Albret** (Jeanne d'), mère d'Henry IV ; avec quatre vers : *Voy le type sacré d'une race divine*, par *Th. de Leu.* Superbe ép.

317 — Iana Elebreta navarrorum regina, etc. Beau portrait genre de Rabel. Très-rare.

318 — Gravée par Harrevyn, Miger, Schenker et autres. 7 portraits.

319 **Alençon** Franciscvs Valesivs. Hen. III. R.F.F.] par Rabel ? Très-rare, très-belle ép.

N°	Nom		Prix		N°	Nom		Prix	
			20,41					2218	
565	Renard	o Falcou	6	50	614			2	
567	Savage	o	5		615			1	
571	Papes	o Falcou	1	50	618			1	25
574	Sully		1		620		o Falcou	2	
578	Talon	o Falcou	3	50	622			1	
580	Thou	o Savy	2	50	623			1	
581	Vouillemont	o Falcou	2	50	624			1	
582	2 ports	o Falcou	1	25	632			2	
584	Valles	o Falcou	5		625		Charteur	2	
587	Cesar	Jarr	8		639		Derivas	2	50
593	Villeray	o Falcou	1	75	640			2	
596	Chronologie		56		641			1	25
599	Gondy		20		643		o Baillon	5	
600	Gal Cardinal		10		644			2	
601	Montfaucon		2		657	Cottou	Lachapelle	3	
602	Triomphe		14		652			1	25
603	Volum	Jarrets	24	50	654			1	
607	Daret	Combrouse	5		655 Bis 10 port			5	
608			3		659	Amiens		1	50
610			2		660	Bordeau		1	
611			2		662	Toulouse	Falcou	3	
			2218					2259	75

320 **Alençon**. Francois de France, duc d'Anjov, de Brabant, avec quatre vers : *Au pris de ce grand Duc, les grands Ducs n'estaient rien.* Très-belle ép.

321 -- En pied comme duc de Brabant. Eau-forte.

322 **Allard** (Marcellin), auteur de la *Gazette française*, 1610, d'après du Moustier par *C. de Mallery*. Très-belle ép., marge.

323 **Amyot** (Jacques), évêque d'Auxerre, par *L. Gaultier*. Sup. ép. grande marge.

324 **Arlensis** de Scvdalvpis M.B.O. (Don Petrus), avec deux lignes latines, par Th. de Leu. Superbe ép.

325 **Arnauld**. La mère Marie-Angélique, — la mère Catherine-Agnès de Saint-Paul. **2** portraits par Boulanger.

326 **Arschot** (Mlle d'), dame de l'Infante (Pays-Bas), par *C. Galle*, à genoux et priant.

327 **Aubespine** (Charles de l'), garde des Sceaux, par *Ragot* d'après Dumoustier. Superbe ép. in-fol.

328 **Balzac** (Henriette de), marquise de Verneuil, par *Jerome Wierix*. In-fol. C'est le plus beau portrait du personnage, avec quatre vers : *Tout le beau des beautés des empiriques dieux.*

329 — Gravé par *Th. de Leu* d'après Quesnel, avec quatre vers : *Qu'elle passe en beauté les plus belles de France.* Belle ép., marge.

330 — Par Chenu et par Scriven. 2 portraits.

331 **Bautru**. Joli petit portrait très-rare, *F. Picart f.*, avec quatre vers : *J'ai taché par mon art dimiter la nature.* Sup. ép. 1er état.

332 **Beaugrand** (Jo. de), bibliothécaire, secrétaire, 1595, par *Th. de Leu* d'ap. Dumoustier. Très-belle ép.

333 **Beausse** (Louis de), hérault de l'Ordre. Superbe dessin à la plume sur vélin, par *de Voligny*, 1695, d'après Louché, imitation parfaite de gravure.

334 **Bellay** (Claude du), abbé de Savigny, etc., par *J. Isac.*

335 **Berulle**, cardinal, par *J. Lubin*. Très-belle ép., marge.

336 **Besse** (Pierre de), docteur en théologie, 1618, par *L. Gaultier.*

337 **Beze** (Théodore de), de la suite d'Odieuvre. Rare.

338 **Binet** (Etienne), jésuite, par *M. Lamé* d'après Le Brun. Superbe ép.

339 **Birague**, cardinal, chancelier, par Th. de Leu? avec quatre vers : *Deux rayons de vertus esclerens a tes pas.*

340 **Birague** (Louis de), tiré de Thevet. — Henri, duc de Bouillon. 2 portraits.

341 **Biron** (Armand de Gontaut), maréchal. 2 portraits par *Chenu* et *Tardieu.*

342 **Biron** (Charles de Gontaut), maréchal, par *Daret*. Très-belle ép. in-4.

343 — *H. Jacopsen exc.* Grand in-8.

344 — *Thomas de Leu*, avec quatre vers. Superbe ép.

345 — Avec son arrestation à Fontainebleau, — son supplice à la Bastille, et texte. Très-belle ép. pièce curieuse et rare, in-4.

346 **Bloys** (Guillaume de), dit Treslong, admiral de Zélande, par *H. Wierix.*

347 **Boissard** (J.-J.), auteur antiquaire. Très-belle ép. Rare.

348 **Bauchard** (Alexandre), vicomte de Blosseville, du Parlement de Rouen, 1613, par *L. Gaultier* d'ap. Dumoustier.

349 **Boucher** (Jean), parisien, théologien et fameux ligueur. Sup. ép. d'un portrait, petit fol., extrêmement rare.

350 — D'après Huquier, par *Aurea Billette*, in-8. Rare.

351 **Bourbon** (Antoine de), roi de Navarre, tiré de Thevet et autre. 2 portraits.

352 — Avec quatre vers : *Cil que tu vois ycy sous limage de Mars*, par Th. de Leu?

353 — 6 portraits : Henri et Jeanne d'Albret. 6 p., en tout 12 portraits.

354 **Bourbon** (Antoine de), comte de Moret, fils naturel d'Henri IV, d'après Van Dyck par *P. Bailliu*. Très-belle ép. — Le même en *frère Jean-Baptiste, solitaire inconnu*, par Thomassin. 2 p.

355 **Bourbon**, monseigneur duc de Valois, mort en 1652, fils de Gaston, *B. Moncornet ex.*, enfant en pied tenant une fleur. Sup. ép.

356 **Catherine de Bourbon**, sœur d'Henri IV, par *Jean Wierix*. In-fol. Très-belle ép., avec quatre vers : *Qui void ce beau portrait cette auguste aparence*.

357 — D'ap. Darlay par *Th. de Leu*. In-4. Beau portrait avec costume très-riche, avec les mêmes vers.

358 — Jean Le Clerc ex. In-8. Belle ép., les mêmes vers.

359 — Par *Th. de Leu*. In-8, avec quatre vers : *D'une Semyramis le renom ou la gloire*. Très-belle ép.

360 — Par Crispin de Passe. Très-belle ép.

361 — Ovale, signé à gauche : *L. c.* Très-belle ép. Rare.

362 — Par L. Gaultier. Petit portrait carré, avec quatre vers : *Ces traits pleins de naiveté*. Rare.

363 — Par Aveline et autre, en pied. 3 portraits.

364 **Bourbon** (Charles de), connétable, par *Th. de Leu*. Très-belle ép.

365 **Bourbon** (Charles de), cardinal archevêque de Rouen, par *L. Gaultier*. Belle ép., marge.

366 — En pied par *J. Gourmont*. Portrait curieux.

367 — Par *Th. de Leu*, avec quatre vers : *Vous qui remarquerez les choses admirables*. Sup. ép.

368 — Charles X du nom, roi de France, couronne en tête, par *Harrewyn*. — Profil agate onix. 2 p.

369 **Bourbon** (Charles de), cardinal de Vendôme, avec quatre vers, par *Th. de Leu*.

370 **Bourbon** (Charles de), comte de Soissons, par *Th. de Leu*, avec quatre vers : *La frayeur des mutins est dessoubs c'este acrmure*. Très-belle ép.

371 **Bourbon** (Elisabeth de), épouse de Philippe IV, Mariette excud. Portrait petit fol.

372 **Bourbon** (Helionora), magnifique costume à mi-corps, par *J. Wierix*. Superbe ép. Rare.

373 **Bourbon** (François de), prince de Conty, par *Th. de Leu*, avec quatre vers : *Soubs un armet d'assier voy le fils de Bellone*. Très-belle ép.

374 — Par un anonyme — Henri de Bourbon, prince de Condé. 2 p.

— 45 —

375 **Bourbon** (Henri de), duc de Montpensier, par
    Léon. Gaultier. Charmant petit portrait. Sup. ép.
    marge.
376 — Par L. Gaultier, avec quatre vers : Lecteur, voi
    ce grand Duc sacré sang de noz Rois. Très-belle ép.,
    dirigé à gauche.
377 — Paul de la Houue ex., avec les mêmes vers; por-
    trait différent dirigé à droite. Sup. ép.
378 — Par Th. de Leu, avec quatre vers : Ce prince
    est un phoenix aux armes indompté. Très-belle ép.
379 —. Par un anonyme, avec deux lignes latines.
380 **Bourbon** (Henri de), évêque de Metz, par Jaspar
    Isac, avec quatre lignes latines : Sideros uultus et
    Principis ora Sereni.
381 **Bourbon** (Henri de), prince de Condé, par L.
    Gaultier, 1612, avec quatre vers : Aux exploicts
    de ce Mars Hercul ne peut atteindre. Superbe ép.,
    marge.
382 — Agé de 15 ans, à cheval, galopant à gauche;
    J. le Clerc excu, avec quatre vers : Le Bouclier
    d'Achilles, deux choses présageoit.
383 — Par Th. de Leu, âgé de 9 ans, 1595. Charmant
    petit portrait. Superbe ép.
384 — — Agé de 9 ans, 1597, avec quatre vers : Or-
    phelin délaissé au plus bas de mon âge. Très-belle ép.
385 — — Æt. XII., avec les mêmes vers.
386 — — N. de Mathonier ex. — P. de Jode ex. 2 por-
    traits.
387 **Bourbon** (Jean de), comte d'Angvyen, avec
    quatre vers : Ce beau nom d'Anguyen, par les armes
    illustres. Belle ép.

388 **Bourbon** (Jeanne de), duchesse de Bar. Bois. Marge. Rare.

389 **Bourbon** (Lvis I. de), prince de Conté, 1568. Portrait très-rare profil à droite, la main droite prenant sa toque sur un coussin. Ovale.

390 **Bourbon** (Louis de), conseillé par son père ; il reçoit une dédicace. Pièce in-fol. en travers, par G. *Huret*. Très-belle ép.

391 — Duc d'Enghien, *B. Moncornet ex.*, avec quatre vers.

392 — 2e du nom, prince de Condé, etc., chez B. Moncornet, au galop à droite. — Henri de Bourbon, duc d'Engvien, son fils aîné, au galop à droite. 2 portraits équestres. Superbes ép. Pourront être divisés.

393 **Bourbon** (Louis de), comte de Soissons, avec quatre vers.

394 **Boursier** (Louise), f Bourgeois, accoucheuse de la Reine, dirigée à droite : *En ce parfait tableau le défaut de peinture*. Superbe ép.

395 — Dirigée à gauche, *Balth. Schwan fecit*, les mêmes vers. Belle ép., grande marge.

396 **Brisson** (Barnabé), président au Parlement. Beau portrait, *Wolffgang, 1730*. Très-belle ép.

397 **Brulart** (Nicolas), chancelier, par *L. Gaultier*. Belle ép. in-8.

398 — Beau portrait in-fol, M. Lasne? Très-belle ép.

399 **Budos** (Louise de), femme de M. le Conestable, par *Th. de Leu*, avec quatre vers : *La beauté d'Agariste et celle d'une Hellenne.* Belle ép., riche costume.

400 **Camargo** (Mlle), d'après Lancret. Charmante petite pièce. Rare.

401 **Camus** (Jean-Pierre), Évesque et Seig. de Bellay. Sup. ép.

402 **Castelnau** (Michel de), Seig. de Mauvissière, avec quatre vers, *Jaspar Isac.* Très-belle ép. Marge.

403 **Chabodius** (David), célèbre médecin, *L. Gaultier,* 1597. Très-belle ép.

404 **Charles I.** Roy d'Angleterre, p. *B. Audran*, d'ap. V. de Werff. Très-belle ép. Marge.

405 — et Henri de Rohan, prince de Léon. 2 portraits.

406 **Charondas le Caron** (Louis), jurisconsulte, par *Jaspar Isac.* Sup. ép. Marge.

407 **Charron** (Pierre), parisien, âgé de 62 ans, p. L. Gaultier?

408 **Chasteigner** (Jean), Seig. de la Rochepozay, 1606; p. *J. Picart.* Portrait rare. Sup. ép.

409 **Chenu** (Jean), avocat, historien du Berry, Bourges, etc., par *L. Gaultier.* Belle ép.

410 **Clement** (Jacques), jacobin, assassin de Henri III, Portrait très-rare.

411 — présentant sa demande à Henri III. L'on voit dans sa manche la manière dont il tenait le couteau. Eau-forte.

412 **Clement VIII** entouré de dix sujets historiques ayant rapport à sa médiation avec les Roys, etc. Grande pièce.

413 **Coligny** (Gaspar de), amiral. Beau portrait cuirassé dans un entourage architectural, par *Jost Amman.* Au bas la scène de la St-Barthelemy.

414 — et le du Duc de Guise (François). 2 portraits.

415 **Condé** Charlotte Marguerite de Montmorency, en veuve, par *M. Lasne.* Superbe ép.

416 **Conty** (Jeanne de Cocesme, princesse de), par *Th. de Leu*, avec quatre vers. *Ce portrait plain d'honneur, de vertus et de gloire.* Superbe ép.

417 **Costeley** (Guillaume), organiste du Roi. Joli petit portrait en bois, entouré du Parnasse.

418 **Créquy** (Charles Sire de). Canaples, duc de Lesdiguières, in-4. *Daret ex.* Belle ép. Rare.

419 **Crillon.** Autour de l'ovale, *Le Bouclier Français.* Petit portrait rare. *Beuf f.*

420 — par Marvye. — Achille de Harlay. — Marillac. 3 portraits.

421 **Croy** (Ch. Philippe de), duc d'Arscot. — H. Duval, comte de Dampierre. 2 portraits.

422 **Davila** (Henri-Catherine), historien, par de Boulonnais.

423 **Davity** (Pierre). Sr de Montmartin, *J. Picart f.* 1637. Très-belle ép.

424 **De Lorme**, médecin des rois Henri IV et Louis XIII. *N. Auroux fec.* Rare.

425 **Du Chaine** (Louis), conseiller du roi Henri IV. *L. Gaultier f.* Très-belle ép. Rare.

426 **Du Perron** (David), cardinal. *Denizot*, genre de Mellan. In-f°.

427 — Le même in-8. — Joannes à Bosco Olivarius, par Mellan. 2 portraits.

428 **Du Vair** (Guillaume), garde des sceaux. *Ciartres ex.* Très-belle ép. d'un beau port, in-4.

429 — par Edelinck. — Clément Marot Bois. — Passerat, par Gaucher. 3 portraits.

430 **Duverger** de Hauranne, abbé de Saint-Ciran. *Boulanger*, d'ap. Champaigne. In-8. Belle ép.

431 — Daret, 1645, d'ap. Dumoustier. In-4. Très-belle ép.

432 **Egmont** (comte d'). Lamaral, prince a Gaveren. Rare.

433 **Elbeuf** (Catherine Henriette de Vendôme, duchesse d'), fille naturelle d'Henri IV, épouse de Charles de Lorraine, par *J. Frosne*, 1659. D'après P. Vary, in-f°. Très-belle ép. d'un portrait extrêmement rare.

434 **Elisabeth**, reine d'Angleterre. Très-belle ép. in-4. *Tros absit*, etc. Deux lignes latines, grande marge.

435 — Crispin de Passe excudit. Superbe ép.

436 **Espernon** (Jehan Lovys de Nogaretz de La Valette, duc d'). *Th. de Leu f.* avec quatre vers. Belle ép. Marge. In-8.

437 — In-4. Collection Daret. Rare. Belle ép.

438 — In-f°. Par *M. Lasne*. Rogné,

439 **Faber** (Nicolas), précepteur et conseiller de Louis XIII. 1612. Superbe ép.

440 **Fabry** (Pierre de), conseiller, 1638. *J. Picart f.* Très-belle ép,

441 **Farnese** (Alexandre), prince de Parme. 2 port. différents.

442 **Faure** (Guy), jurisconsulte, par *L. Gaultier*. Sup. ép.

443 **Fauchet** (Claude Fauchet), célèbre antiquaire.
L. Gaultier f. 1610. Superbe ép.

444 **Faur** (Guy du), Seig. de Pybrac. L. Gaultier.
1617. Très-belle ép.

445 **Foix** (Gaston de), duc de Nemours. — Odet de
Foix, Seig. de Lautrec. 2 portraits.

446 **Fremin** (Antoine), secrétaire ord. de Marie de
Médicis. Superbe ép. d'un beau portrait par Re-
gnesson.

447 **Gabrielle d'Estrée**, marquise de Monceaux,
par L. Gaultier. Jean le Clerc, 1596, avec quatre
vers dans un cartouché, Ce visage Ciprin, le chef
d'œuvre des Cieux.

448 — par Th. de Leu, avec quatre vers : Voici bien
quelque traict d'un ange incomparable. Belle ép.

449 — Duchesse de Beaufort, Jean Le Clerc ex. avec
quatre vers, Fleur des Beautés du monde, astre clair
de la France. Très-belle ép.

450 — par Chenu, Desrochers, Harrewyn et autres,
14 p. — Henriette de Balzac. 2 p. en tout 16 portraits.

451 **Galigai** (Leonora), femme du Maréchal d'Ancre.
In-4. Tiré d'un ouvrage italien très-rare. — Par
François, dans Odiéuvre. 2 portraits.

452 **Galle** (Corneille), célèbre graveur. H. Goltzius.
1582. Superbe ép.

453 **Gamache** (Seig. de), avec quatre lignes latines,
L. Gaultier. Beau portrait, petit f°.

454 **Gassion** (Jean de) maréchal. Froine.

455 **Goltzius** (H.), célèbre graveur. — Rubens, célèbre peintre. 2 port.

456 **Gondy** (Henry de), Évesque de Paris. *L. Gaultier*. Sup. ép. avec six vers en typographie.

457 — Le même, très-belle ép. sans les vers, marge.

458 **Gonzague** (Charles de) et de Cleves, duc de Nevérs et de Rétéllois, âgé de 18 ans, avec quatre vers. *Th. de Leu*. Très-belle ép. Marge.

459 **Gonzague** (Louis de), prince de Mantoue, Nevers, Rethel. *G. Vallet sculp*. Pet. in-f°.

460 **Grammont** (Antoine, comte de), Maréchal, été. *P. Lombart*. 1663. Belle ép. in-f°.

461 — avec ses armes, titres, etc.

462 **Gumpelzaimer** (Adam), Musicien. Portrait rare.

463 **Guybert**. Le médecin charitable, 1627, *J. Picart*. Joli petit portrait rare.

464 **Habicot**, avec quatre vers, *Ce portrait montre seulement*. Très-belle ép. *Th. de Leu*.

465 **Harlay** (Nicolas de), tué au siège d'Ostende, 1602, par *Van Meellen*.

466 **Heere** (Nicolas de), doyen de Sainct Aignan, 1610. *Voicy les rares traitz d'un Prestre aussy parfaict*, par *I. Gaultier*.

467 **Henriette**. Povrtraict de Madame, fille vniqve de Henry IIII, etc., née à Fontainebleau, le 22 novembre 1602. Avec quatre vers, *Princesse dont le cieux honorans la naissance*, en pied, la main droite sur un perroquet, gravé par *Th. de Leu*, d'après J. Blasmez. Très-belle ép. Rare.

468 **Henriette**. Marie de France, épouse de Charles I, par Simonneau. Très-belle ép. Marge.

469 **Henriette Marie**. Reine d'Angleterre. Grand portrait par F. Hœius.

470 — Son mariage avec Charles Ier, roi d'Angleterre, par *Dupuis*, d'ap. Cheron.

471 **Hervet** (Gentian), érudit célèbre de Reims. Sup. ép. par *Th. de Leu*. Marge.

472 **Jeanin** (Pierre), président, gravé par *W. Swanenburg*, 1610.

473 **Jeanne d'Arc** à cheval, 1612 — et son monument sur le pont d'Orléans. Superbe ép. Marge. 2 pièces par *L. Gaultier*. Rares

474 — à mi-corps, par Demarcenay — en pied. 2 port.

475 **Joyeuse** (Anne, duc de), avec quatre vers, *Le peintre n'a pourtraict q. la beauté des yeux*. L. Gaultier, 1587. Gourdelle ex.

476 **La Faille** (Nicolas de), gentilhomme des Pays-Bas, par *Golizius*. B. 212. Superbe ép.

477 **La Framboisiere** (Nic. Abraham de), célèbre médecin d'Henri IV et de Louis XIII, par *L. Gaultier*, in-8, âgé de 49 ans. 1er état avec le quatrain *Tu vois la Framboisière icy représenté*. — 2e état, le quatrain enlevé, 2 p.

478 — âgé de 64 ans, par *L. Gaultier*, 1624. Grand in-4.

479 **La Peyre** (Jacques d'Auzoles de), chronologiste, avec 5 lignes latines. *J. Picart del et incidit*. Très-belle ép. Rare.

480 **Laudonnier** (Renault), avec 5 lignes latines. C. de Passe? Très-belle ép.

481 **Laurent** (André), médecin d'Henri IV. In-4.

482 — Dans le titre, Histoire anatomique du corps humain. Petit fo. *L. Gaultier*, 1628.

483 — Dans le titre de toutes ses œuvres (opera omnia). *L. Gaultier*, 1628. David de Planis Campy, médecin et chirurgien du roy, 1627. *M. Lasne*. Joseph Trullier, médecin du roi, 1628. *Mellan*, 3 pièces.

484 **La Vay** (Guy de), secrétaire du roy. *Th. de Leu f.* Très-belle ép. Grande marge, avec quatre lignes latines.

485 **Léon XI**, 1605, petit fo. — Innocent IX, in-8. 2 portraits.

486 **Le Gangneur** (Guillaume), avec un quatrain de J. Dorat Limosin à Dumoustier, peintre. *Tu peux bien de Gangneur crayonner la figure.*

487 **Lesdiguières** (François de Bonne de), avec quatre vers *En l'honneur de son Roy ce guerrier indonté*, par *Th. de Leu*.

488 — et Anne de Joyeuse. 2 portraits par Chenu.

489 **Lestang** (Antoine de), prézidant av parlemant de Tovlovze. Sup. ép. par *L. Gaillier*. 1625.

490 **Longueil** (René de), Seigneur de Maisons, d'ap. Ph. de Champagne, par Morin. Très-belle ép.

491 **Longueval** (Ch. de) comte de Buquoy, baron de Vaux, avec sept lignes latines.

492 **Lorraine** (le duc de), avec quatre vers *Grand prince souverain, enrichy de louenges*, par J. Granthome, grande marge.

493 **Lorraine** (Charles de), prince de Joinville, *D'un sang guizien ieune race de Mars*, par *L. Gaultier*.

494 **Lorraine** (Charles de), duc de Guize, gouv. en Provence, *l'Espagnol triomphait de Marseille captive*, par *Th. de Leu.*

495 **Lorraine** (Charles duc de), avec quatre vers, *Grand Duc le Prince aîné, des Princes de ta race*, par *Thomas de Leu.* Sup. ép.

496 **Lorraine** (Charles, cardinal de), en pied. 1575. Rare.

497 **Lorraine** (Henri, prince de), marquis du Pont, *Prince qui vas suivant tes ayeulx et ton père*, par *Th. de Leu.* Superbe ép.

498 — le même, dirigé à droite, par *L. Gaultier. I.* le Clerc ex. Sup. ép.

499 — le même, par un anonyme.

500 — le même, in-4. *A l'unicque princesse, honneur de nostre France*, par *Th. de Leu.* Superbe ép.

501 **Lorraine** (Henri de) le Balafré, par Hogenbergius. Joli petit portrait rare.

502 **Lorraine.** *Vigesimo quinto, Ce vaillant prince armé est un Mars furieux*, par *Th. de Leu.*

503 **Lorraine**, duc de Mercœur, *Ce Duc que la valeur en tous lieux accompagne*, par *L. Gaultier.*

504 **Lorraine** (Philippe Emmanuel de), duc de Mercœur, *Tu vois depeint Philippes de Loraine*, par *Th. de Leu.* Très-belle ép. in-8.

505 — Grand in-4, par *Wierix.* Très-belle ép.

506 — à cheval, *Ph. Thomassinus*, 1595. Petit fo.

507 **Loyseau** (Charles), avocat, avec quatre vers, *Le peintre a seulement icy tracé le trait*, par *Iaspar Isac.* Sup. ép.

508

508 — le quatrin coupé, et sur une planche ajoutée, Me Charles Loyseau, parisien, avocat célèbre, décédé le 26 octob. 1617, âgé de 63 ans.

509 **Luillier** (Jehan), prevost des marchands, 1594, avec quatre vers : *Parmi le trouble esmeu d'une guerre civile*, par *Th. de Leu*. Très-belle épreuve, marge.

510 **Malherbe** (François de). *Briot f.* Belle épreuve.

511 — *Vorsterman*, d'ap. Dumonstier.

512 — *Jean Wiricx f.*, fait par Daniel Dumonstier, 1609. Portrait ovale. Très-rare.

513 **Marguerite de Valois** d'Angoulême, reine de Navarre. 10 portraits différents.

514 **Marie** de l'Incarnation religieuse, par *Moncornet*. Très-belle épreuve, toute marge.

515 **Marie**, reine d'Angleterre, par *F. Delaram*. Rare.

516 — In-fol. par *Guntz*, d'ap. Vandervert. Très-belle épreuve.

517 **Marie-Thérèse**, imp. et reine, Portrait entouré de personnages allégoriques, titre, par *F. Morghen*.

518 **Marnix** (Philippe de), de Sainte-Aldegonde, par de *Gheyn*, 1599. Superbe épreuve, marge. — Par Flipart. 2 p.

519 **Marolles** (Claude de), par Mellan. — Combat à la lance ou jouste mortelle des sieurs de Marolles et de l'Isle Marivaut, par M. Lasne. 2 p.

520 **Marque** (Jacob de), par Matheus. Rare.

521 **Masson** (Papire), avocat, par *L. Gaultier*, 1512, marge.

522 **Mazarin**, cardinal, 5 portraits. — Richelieu. 6 pièces.

523 **Mesmes** (Henri de), par *M. Lasne.* Beau portrait, petit fol.

524 **Molé** (Edouard), président, par Nanteuil. Superbe épreuve.

525 **Molé** (Mathieu), par Mellan. — Franciscus Monceus Atrebas. 2 portraits.

526 **Molière** en pied, d'ap. Ingres, par H. Dupont. Superbe épreuve d'artiste, avant la lettre, grand papier.

527 **Monluc** (Blaise de), maréchal. Beau portrait ovale. Très-belle épreuve.

528 **Montaigne**, par *Th. de Leu.* Belle épreuve avec quatre vers.

529 **Montenay** (Georgetic de), célèbre poëte et musicienne, par *Woeriot*, avec huit vers. Portrait très-rare.

530 **Montmorency** (Henri I et II de). 2 portraits.

531 **Montmorency** (Henri II) et Dampville, par Daret. Rare.

532 **Mornay** (Duplessis), par *L. Gaultier*, petit fol.

533 **Murat** (Antoine de), sénateur, par *Th. de Leu*, 1589. Superbe épreuve, grande marge.

534 **Nigra** (Virginia), par *L. Gaultier.* Très-belle ép.

535 **Orléans** (Jean-Baptiste-Gaston duc d').

536 **Orléans** (Henri), duc de Longueville, par *L. Gaultier*, avec quatre vers. Très-belle épreuve, toute marge.

537 **Orléans** (Louis d'), par *Jérôme Wiérix.* Superbe épreuve dans un joli cartouche, 1er état, avec 3 lignes, dont le nom de Wiérix.

No	Item	Buyer	Price
			2259 75
663	Rheims	Soubiret	3
666	Plume	Mayor	1 50
677	Titre	Lignerolles	2
684	Desportes		5
689		Jarriett	5
692	Malepeut		2
694	Tableau Saan		1
708	Triomphe	carré	24
737	Entrée	Jarriett	4
739	Lesondres	Carré	2 50
740		Carré	3
x 747	Astenay		1
x 757	Coles 2p.		1
768	Rouen	Lignerolles	6
x 776	Chasse		1
783	H. IV et Gabrielle	Breda	2
787	H. IV et Gabrielle	Ed Fleury	2
788	2 gabrielle cheway		1
794			
804	aut d Bourbon	Mayor	300
815	H. IV.	Jarr	9
890	Tombeau	Carré	7
831	fenetres	Carré	4
			2606 25

No	Item	Buyer	Price
			2606 25
862	Finard	Hardinn	10
901	Michalon	Destailleur	4
902	Miniature	Carré	10
911	Prudhon	Destailleur	10
912			10
913			9
	10 pieces		1 50
	1 Louis XVI		1 75
794	100 Henri IV	Falcon	20
x	50 H. IV		4
		2576 50	2676 50
	adjudicataire 4 lots 7f	7	128 85
		2669 50	2706 35
		133 50	
		2803 00	
	Autographes	437 85	
		3240 85	

538 — 2e état. Lvdovicvs Dorleans, anno œtatis LXIII;
1606. Belle épreuve.

539 —. Par *Mellan*, petit fol., 1622, âgé de 79 ans.

540 **Pasquier** (Étienne), avocat-général, par *L. Gaultier*, in-8. Superbe épreuve avant la planche coupée.

541 — Second état : réduite pour la suite d'Odieuvre.

542 — 1617, par L. Gaultier, petit fol. Très-belle épreuve.

543 **Pasquier** (Nicolas), son fils, maître des requêtes, *Crispin de Passe*, d'apr. nature, 1623. Beau portr.

544 **Petit** (le père François), général de tous les ordres de rédemption de captifs, par *L. Gaultier*. Très-belle épreuve, marge.

545 **Philippe II**, roi d'Espagne, par *Jérôme Wierix*. Superbe épreuve d'un charmant petit portrait.

546 **Pigré** (Pierre), chirurgien d'Henri IV. Deux portraits différents, dont un par Cl. Audran.

547 **Quesnel** (François), peintre. Eau-forte par *Brebiette*. Superbe épreuve, marge d'un portr. rare.

548 — Par Michel l'Asne. Très-belle épreuve.

549 **Rameau** (Jean-Baptiste), musicien, en pied, se promenant. Charmante petite pièce rare. — Son portrait rogné. 2 p.

550 **Ranchin** (François), médecin professeur, par *Th. de Leu. Ranchin, peintre sacré des effets de la nature*. Très-belle épreuve.

551 **Raucourt** (Mlle), célèbre actrice, d'après Freudeberg et Moreau, par Mme Lingée. Beau portrait, avec scène théâtrale au bas, dédié à Mme du Barri. Toute marge.

552 **Ravaillart** ou Ravaillac (François), d'Angoulême, assassin d'Henri IV, grand in-8 ; un hibou
est au milieu du bas ; dans les angles, des bombes
et autres artifices. Superbe épreuve d'un portrait
très-rare.

553 — Le même portrait, petit in-fol., avec quatre
ronds dans lesquels se trouvent l'assassinat, le supplice des membres coupés et brûlés, l'écartellement,
le bûcher, avec dix-huit lignes hollandaises en trois
sixains ; le hibou se trouve au milieu du haut.
Très-rare.

554 — En pied, à l'eau-forte ; Cristofel van Siebem
inventor et fecit, avec les trois portraits d'Henri IV,
la reine et Louis XIII ; au fond les différentes scènes
de l'assassinat et du supplice.

555 — Dessin aquarelle de sanguine, au milieu d'une
feuille de texte contenant les détails de l'assassinat,
l'arrêt du parlement et l'exécution, extrait du
Mercure Français de 1611. Très-rare.

556 — Exécution de Ravaillart, avec texte allemand.
Pièce curieuse et rare.

557 — Figure représentant le supplice, etc., différentes
scènes de l'exécution, avec texte français au bas,
avec discours en vers sur l'anagramme de son
nom.

558 — Fac-simile d'un portrait de Ravaillac, contem-
porain. — Autre en lith. — Assassinats, — Supplice. 5 p.

559 **Renel** (Pierre) de Vertelame, 1621, entouré
d'armes de guerre.

560 **Renou** (Jean de), médecin du roi. *L. Gaultier*, 1608. Très-belle épreuve.

561 **Richelet** (Nicolas), Parisien, par *Picquet*. Très-belle épreuve.

562 **Richelieu** (cardinal de), par Boulonnais.

563 **Rohan** (Henri de), par Daret. Rare.

564 **Rolliard** (Sébastien), jurisconsulte. Belle épr.

565 **Ronsard** (Pierre), prince des poëtes français. Très-belle épreuve. Rare.

566 **Savoye** (Charles-Emmanuel de), avec quatre vers : *Prince, fils de noz lys héritier du courage.* Très-belle épr. *Th. de Leu.*

567 **Savoye** (Henry de), duc de Nemours, par *Th. de Leu*, avec quatre vers : *Ayant l'heur d'estre aymé du puissant roy de France.*

568 **Schomberg** (Charles de), maréchal, par Daret. Rare.

569 **Servin** (Louis), conseiller, avocat-général, par *Th. de Leu.* Sup. épreuve.

570 **Sixte V**, avec quatre vers : *Pour ce que Jesu, Christ, seul le chef de l'Église*, par *Granthome*.

571 — Grégoire XIV. — Paul V. — Urbain VIII. — Quatre portraits.

572 **Sully**. Du Boys, pinxit; Paul de la Houwe excudebat, 1614. Superbe portrait in-fol., avec huit vers : *Toy qui dans ce tableau le visage contemple.* C'est le plus beau portrait du personnage.

573 — De trois quarts perdu, dirigé à gauche, dans un cadre octogoné; même genre que les estampes de Morin. Sup. épr. avant toute lettre.

574 — Gravé par Chenu, d'après G. de Saint-Aubin, grand in-4, et autre in-8, par le même. 4 portr.

575 — Gravé par Demarcenay. Très-belle épr.

576 — Gravé par Courbe, Gaillard. 2 portr.

577 — Gravé en couleur, par Frieselhem.

578 **Talon** (Omer), d'après Ph. de Champaigne, par Morin.

579 **Thou** (Christophe de) tel qu'il est dans la chapelle Saint-Christophe de l'église Saint-André. Superbe ép.

580 **Thou** (Jacques-Auguste de), président et historien, par *Demarcenay*. Très-belle ép. in-8.

581 — par Séb. Vouillemont, d'après Dumoustier. Petit in-fol.

582 **Turenne**, maréchal. — Martin Garzes, grand-maître. 2 portraits.

583 **Turquet de Mayerne**, médecin ordinaire d'Henri IV, de Jacques Ier et Charles Ier d'Angleterre. Bon portrait in-4.

584 **Vallet** (Nicolas), musicien et maître de chapelle d'Henri IV. Joli portrait sur le titre de ses ouvrages, par J. Berwinckel, d'après Vinckebons. Belle ép.

585 **Vallet** (Pierre), graveur. Très-belle eau-forte par lui-même. Superbe ép., grande marge.

586 **Vendôme** (César de Bourbon, duc de). Beau portrait in-8, par Moncornet.

587 — *César*. Monsieur, âgé de quatre ans, en pied, un oiseau sur la main droite, par *Th. Deleu*. Pièce rare.

588 — *César.* Monsieur, Gov. pour le roy. en Bretaigne, en pied, tenant une fleur. Portrait rare.

589 **Verdun** (Nicolas de), président. *Ce grave de Verdun que ce pourtraict vous monstre,* par *M. Lasne.* Superbe ép.

590 **Vialart** (Michel de), ambassadeur sous Henri III et IV.

591 **Vigenere** (Blaise de), Bourbonnais, 1595, par *Th. de Leu.*

592 **Villarmont** (Jacques de), gentilhomme de la Chambre, 1596, par *L. Gaultier,* avec quatre vers, dirigé à droite. — Le même, plus petit, dirigé à gauche, titre de ses voyages. 2 portraits.

593 **Villeroy** (Ch. de Neuville), gouverneur de Lyon, par *van Meerlen.* In-fol. Belle ép.

594 **Villeroy** (Nicolas de Neuville), par *Michel Lasne.* Superbe ép.

595 — par *Piusio* dans Odieuvre. Belle épreuve. Marge.

Réunion de portraits.

596 **Chronologie** coupée ou collée, nom sous lequel est connu *Pourtraictz de plusieurs hommes illustres qvi ont flory en France depuis l'an 1500 jusques à present.* 144 portraits gravés par L. Gaultier, d'après Janet, sur deux pl. de cuivre et imprimés sur deux feuilles jointes ensemble; extrêmement rare entière, ces portraits se trouvant toujours coupés. Très-belle ép.

597 — Anne de Joyeuse. — P. de Ronsard. — Arman de Biron. — F. de Bourbon d'Anguyen. — Jean de Bourbon d'Anguyen. — Jacques Amyot. — F. Rabelais. — Nicolas de Thou. — Ant. de Bourbon. — Henri d'Albret. — Henri de Bourbon. 12 portr. séparés tirés de la Chronologie coupée.

598 **Speculum illustrium Feminarum**, par *C. de Passe*. 11 portraits de princesses de Lorraine, Pologne, Angleterre, et titre. 12 p.

599 **La Maison de Gondy**. Titre, les 8 ancêtres en costumes en pied, 18 en buste : Jean VIII, pape; Antoine, Pierre, cardinal; Henri, cardinal de Retz; Jean-François, Henri, Albert, Philippe-Emmanuel, Pierre, Jean-François-Paul cardinal de Retz; Charles, Catherine, Antoinette d'Orléans, Françoise-Marguerite de Silly, Jeanne de Scepeaux, Claude-Catherine de Clermont, Marie-Catherine de Pierre-Vive, Paule de Gondy; gravés par Duflos. 27 portr.

600 Portraits tirés de la galerie du Palais-Cardinal. Henri IV, Marie de Médicis, Louis XIII, Gaston, Anne d'Autriche, Richelieu, Ch. de Cossé, Franç. de Lorraine, Anné de Montmorency, Ch. card. de Lorraine, Montluc, Lesdiguières, Armand de Biron, Jeanne d'Arc. 13 p.

601 Portraits tirés de Montfaucon. Henri de Bourbon, roi de Navarre, aïeul d'Henri IV, en pied. — Antoine, roi de Navarre. — Henri IV et ses deux épouses, en pied. — Duc d'Alençon. — Princesse de Condé, Charles, card. de Bourbon, Henri II de Condé, Louis de Bourbon-Condé. — Gaston de Foix, duc de Nemours. 9 p.

602 Portraits tirés des triomphes de Louis le Juste. Louis XIII, Anne d'Autriche, Richelieu, Charles et Henri de Lorraine, Lesdiguières, F. de Valois, Henri et Charles de Schomberg, Ch. de Créquy, H. de Rohan, Bassompierre, Châtillon, Lamotte-Houdancourt, N. de Neufville, F. de l'Hôpital, vicomte d'Arpajon, A. de Grandmon, cardinal de La Valette, Guébriant, Toiras, A. d'Aumont, La Meilleraye, Laforce, Longueville, Bourbon-Condé (Henri et Louis), Charles de Lorraine, duc de Mayenne. 29 portraits. Très-belles ép.

603 Devises des roys, princes et généraux d'armées qui ont assisté et servi Louis le lvste combattant, etc., par Henri Estienne, enrichi de figures inventées par Jean Valdor. 35 portraits et titre avec texte, demi-reliure. (Triomphes de Louis le Juste). Bel exemplaire.

604 Portraits imprimés dans six encadrements allégoriques différents, par Gaspard Boutats. Henrico II, Catalina de Medicis, François II, Carlos IX, Henrico III, Antonio de Bourbon, Juanna d'Albret, Henrico IV, Luis XIII, Louis de Bourbon-Condé, H. de Bourbon-Condé, F. de Francia, duque d'Alençon, Gaspar de Colligny, Anne, duque de Gioyosa, Carlos de Gontaut, Armand de Gontaud, Henrico de Lorena, Carlos de Lorena, Luis de Lorena, cardinal, C. de Lorena, duque de Umona (Mayenne), Alex. Farnesio, Alberto Achid. Richelieu, Conchino Conchini, marquis d'Ancre. 24 portraits.

Baudicour

1 25 605 Ch. de Lorraine, cardinal, Gaspar de Colligny, Charles IX, M. de l'Hôpital, Catherine de Médicis, Franç. de Lorraine. 6 petits portraits à l'eau-forte.

Portraits par Daret.

1 25 606 — Henri IV avant et avec : J'ai reconquis mon royaume par la force des armes, par Larmessin. 3 portraits.

V. og 5 607 — Anne d'Autriche. — Marg. de Lorraine, duchesse d'Orléans. — Christine de France. — Henriette de France, 4 portraits.

V. iy 3 608 — Marie de La Chastre. — Marie-Anne d'Autriche, reine d'Espagne. — Olympia Maidalchini. — Ch.-Marg. de Montmorency-Condé. 4 portraits.

2 25 609 — César de Vandosme. — J. de Saint-Bonnet de Toiras. — H. de Gondy, card. de Raiz. — Nicolas de Neuville-Villeroy. 4 portraits.

V. iy 2 610 — Richelieu. — Mazarin. — J.-F.-P. de Gondy, card. de Retz. — J.-F. de Gondy, arch. de Paris. 4 portraits.

V. iy 2 611 — J. Nompar de Caumont, duc de La Force. — Henri II de Montmorency. — Henri II d'Orléans-Longueville. — Ch. de Créquy-Lesdiguières, 4 port.

2 25 612 — Ch. Amédé de Savoye-Nemours. — Ph.-Em. de Ligneville. — Hercule de Rohan, duc de Montbason. — Charles IV de Lorraine. 4 portraits.

3 613 — Michel de Marillac. — Pierre Séguier. — Bernart de Nogaret, duc d'Épernon. — Mathieu Molé. 4 portraits.

614 — H. de Schomberg, comte de Nanteuil. — N. de
l'Hôpital, marquis de Vitry. — L. de Marillac. —
F. Potier, marquis de Gesvres. 4 portraits.

615 — H. de Lorraine, duc de Mayenne. — Armand
de Gontau-Biron. — Gaspar III. De Coligny-Châtillon. — Ch. de Valois-Angoulême. 4 portraits.

616 — Ph. de La Motte-Houdancourt. — Turenne. —
Guébriant. — H. de Lorraine d'Harcourt. 4 portr.

617 — Ant. d'Aumont-Rochebaron. — Josias de Rant-
zau. — Ch. de Schomberg. — L. de Bourbon-
Soissons. 4 portraits.

618 — Ch. de La Porte La Meilleraye. — Ant. de
Grammont. — Jean de Gassion. — César de Choi-
seul. 4 portraits.

619 — L. de Vendosme-Mercœur. — F. de Vandosme-
Beaufort. — Ch. de Lorraine-Guise-Joinville. — Cl.
de Lorraine-Chevreuse. 4 portraits.

620 — F. de l'Hospital. — Michel de l'Hospital. —
Guil. de Laubespine. — Ch. de Laubespine. —
4 portraits.

621 — H. de Lorraine-Mayenne. — Gab. de Laubespine. — Pompone de Bellièvre. — Nicolas Brulart.
4 portraits.

622 — Armand de Bourbon-Conty. — Louis de Bourbon-Condé. — Henri de Rohan. — René de Longueil. 4 portraits.

623 — Innocent X. — Philippe IV. — Bernard de Saxe-
Weymar. — Fréd. de Nassau. 4 portraits.

624 — Ch. Gustave. — Gustave-Adolphe. — Léopold-
Guillaume. — Charles II, roi d'Angleterre. 4 portraits.

625 — Louis de Nogaret, card. de La Valette. — F.,
card. de La Rochefoucault. — Léon Bouthillier,
comte de Chavigny. — Davy Du Perron, cardinal.
4 portraits.

626 — J.-Jacques du Sault, évêque. — F. de Lorraine,
évêque. — Henri de Savoie, archev. — J.-B. Gault,
évêque. 4 portraits.

627 — F. de Bonnes-Lesdiguières. — Ch. de Gonza-
gues-Clèves. — Ph. de France, duc d'Anjou. —
Gaston d'Orléans. 4 portraits.

628 — Jean de Vivonne, marquis de Pisani. — Scé-
vole de Sainte-Marthe. — Michel de Castelnau.
3 portraits.

629 — P. Nivelle, évêque. — H. de Maupas-du-Tour,
évêque. — Ch. de Montchal, archevêque. — J.-P.
Camus, évêque. 4 portraits.

Portraits par Frosne.

Tirés de l'illustration de Beauchâteau, 4 à la feuille.

630 — Beauchâteau, Fouquet, card. d'Este, Christine
de Suède.
— Mlle d'Orléans, Henriette d'Angleterre, Anne
d'Autriche, Christine de France.
— Bellièvre, Séguier, duc de Modène, duc de
Mantoue.
— Richelieu, Mazarin, Barberin, Servien.
— Marco Chisi, Alexandre pape, card. Chisi,
Aug. Chisi.
— Gaston, Louis XIV, duc d'Anjou, Gonty.
24 portraits.

Portraits par Moncornet

Classés par feuilles de 4 portraits.

631 — Henri III. — Henri IV. 2. Antoine de Bourbon. — 1

632 — Marg. de Valois. — Marie de Médicis. — Christine de France. — Éléonore-Catherine-Fébronie de Bergh, duchesse de Bouillon.

633 — Henriette-Catherine de Joyeuse. — Madel. de Créquy de Villeroy. — Élisab. de Bourbon. — Marg.-Ch. de Montmorency, princesse de Condé.

634 — Nicolas de Bailleul. — Henri de Mesmes. — Hard. de Peréfixe. — Sully.

635 — Henri de Bourbon, évêque de Metz. — L. Maurice de La Trémoille. — Claude de Marolles. — Ant. de Bourbon, comte de Moret.

636 — Max. Eschalard, marquis de La Boullaye. — F. de Bonnes de Créquy-Lesdiguières. — J.-F. de Marchin, baron de Moldave. — H. de Lorraine-d'Harcourt.

637 — Louis de Rohan-Guéméné. — Tancrède de Rohan. — Gratian Menardeau. — Hiérosme Le Féron d'Orville, prévost des marchands de Paris.

638 — Michel Le Tellier. — Cl. Le Charron. — F. Th. de Nesmond. — Denis Amelot.

639 — Philippe de Gorrevod, duc du Pont-de-Vaux. — Ch. comte de Rostaing. — F.-Ch. de Levy-Vantadour. — J.-L. d'Erlach.

640 — Franç. de La Rochefoucauld. — Ch. de Lorraine, duc d'Elbeuf. — Louis de Lorraine, duc de Joyeuse. — Roger de Lorraine, chevalier de Guise.

641 — Nic. ex com. guidis a Balneo, archev. — Claude de Rebe. — Camille de Neuville, archev. — Armand de Bourbon-Conti.

642 — Deshameaux, président, comte d'Auffey. — H. de Belinguan. — Gaspard de Coligny-Châtillon. — Ch., sire de Rambure.

643 — J.-L. de Lavalette, duc d'Epernon, — Concino Concini, maréchal d'Ancre. — F. Anibal d'Estrées. — Bassompierre.

644 — P. de Broussel, conseiller. — Pierre l'Hermite, croisé. — Ant. de Grammont. — Jules Mazarin.

645 — Antoine, neveu d'Urbain VIII. — Pie VI. — Cardinal Grimaldi. — Ant. Barberin.

646 — H. de Bourbon-Condé. — De Gassion. — L. de Bourbon, duc d'Enghien. — Henri de Rohan.

647 — Ed. Molé, président. — Armand de La Porte de La Melleraie. — Marquis de Clanleu. — J.-A. Bosco Olivarius.

648 — J.-Daillé. — J. Mestrezat. — Ch. Drelincourt. — Ch. de Condren.

649 — Portraits des ambassadeurs pour le traité de Munster, par Moncornet. 32 portraits et titre.

Portraits tirés d'Odieuvre et Desrochers.

650 — Servin. — Brantôme. — Descartes. — Bacon. 4 portraits.

651 — Viaud. — Maupeou (Gilles de). — Perefixe. — Cotton. 4 portraits.

652 — Coligny. — T. de Cossé-Brissac. — H. 1er de Bourbon-Condé. — André de Montalembert. 4 portraits.

653 — Louis et Gaucher de Sainte-Marthe. — A. de Brancas. — Ch. II de Cossé-Brissac. 4 portraits.

654 — Malherbes. — Papire Masson, par Lubin. 2 portraits.

655 — Ange de Joyeuse. — Henri d'Albert de Luynes. — Charles de Valois. 3 portraits.

Cartes, Vues.

656 Carte de France en 1615, avec portraits de Louis XIII, Anne d'Autriche, huit costumes et les vues de Poitiers, Orléans, Paris, Rouen, La Rochelle, Bordeaux, Tours, Lyon, Bourges, Angers, Beaumont, Calais. J. de Visscher, ex.

657 Carte du pays de Béarn. 11 p. dont 2 avec le portrait d'Henri IV. Pourra être divisé.

658 Vues de la ville et du château de Pau en Béarn, où est né Henri IV. — Coarraz, où il a été élevé. — Barbaste, etc. 15 p. dont un dessin.

659 **Amiens** en Picardie, profil de la ville. Boisseau, ex.

660 **Bordeaux** en Guyenne, genre de Boisseau.

661 **Paris**. Vue de la ville, Boisseau ex.

662 **Toulouse**. Siége du parlement de Languedoc. Boisseau, 1645.

663 Le magnifique portail de l'église Notre-Dame de Reims, gravé par Edme Moreau, 1623.

664 Le Louvre. — Le Palais, — L'Hôtel de Nevers et galeries du Louvre. 3 vues de Merian.

665 Projet de place de France, pour entrée de la ville de Paris, vers la porte St-Antoine, d'après l'ordre d'Henri IV, par Claude Chatillon Chalonnais, 1615. Grande et belle pièce avec texte en quatre colonnes. Rare.

666 Plan de la sépulture des princes et princesses de la branche royale de Bourbon, inhumés depuis Henry IV à St-Denis. Pièce en bois avec texte. Curieuse.

667 Plan du Conclave, enterrement du Pape, avec quatorze scènes du conclave, etc., etc. Grande pièce, 1700.

668 Le Koert de Bruxelles. Grande et belle vue à vol d'oiseau. Corn. de Jode excud.

Titres divers.

669 **Titres.** A tous acords, *Je ne suis male, ni femelle,* pour la description de l'île des Hermaphrodites. — Tabulæ Historicæ Henrici IV Lvgdvni, 1615, par *Fornazeris.* — De la Sagesse, trois livres, par P. Charron, 1614. Par L. Gaultier. — Histoire de France, tome second, 1646.

670 **Titres**. Histoire des guerres civiles, par Davila, 1857, avec Henri IV et Louis XIII. — L'Injustice terrassée aux pieds du Roy (Henri IV). Petite pièce. Superbe ép. — Abrégé de l'Histoire de France, par Du Verdier, 1652, avec 5 portraits : Henri IV, Louis XIII, Gaston, etc. — Observations sur la stérilité, par L. Bourgeois, dite Boursier, 1609. — 3

671 **Titre**. Mecometrie de Leymant. Venise, 1613, Henri IV au galop, et les vues et places de Paris, Poitiers, Castres, Tours, Lyon, Bourdeaux, Montpellier, Amiens, Marseille, Toulouse. Superbe ép. Rare. — 2.25

672 — Baudet. Histoire de la Ligue, gravé par Baudet, 3 portraits d'Henri IV. En tout 4 p. — 1.25

673 — Bosse (Ab.). Titre blanc avec onze sujets des Travaux d'Hercule autour. — 4.75

674 — Boulanger. Henri IV vainqueur de l'Hydre. Sup. ép.

675 — Dannoot, d'après C. Errard. Le buste de Louis XIV couronné par un amour; la Renommée près des portraits d'Henri IV et Louis XIII.

676 — Firens. Institution catholique, 1624. On distingue Henri IV, la reine et le pape priant. — 2.75

677 — Fornazeris. Tabulæ Triumphales Henrici IV. — Tabulæ Funerales Henrici IV. La Mort soutient le titre. 2 p. — 2

678 — — Histoire de la mort déplorable de Henri IIII,
1613. — Les antiquités et recherches de la grandeur et majesté des Roys de France, Henri IV et sa
famille, et les portraits de Clovis, Hugues Capet,
Charlemagne, St-Louis, 1609. — Pleiades du sieur
de Chavigny. Lyon, 1603. Le Mercure francois
1611. 4 pièces.

679 — GANTREL. Beau titre blanc avec Henri IV à gauche et Louis XIV à droite, en pied, avec vues,
emblèmes, portraits, d'après Sevin. Sup. ép.

680 — GAULTIER. Les Merveilles de la Ste-Eucharistie,
Henri IV et la reine en prières. — Les larmes et
regrets du soldat Francois. — Le Pelerin de Lo-
rette. Lyon, 1607. — La Navarre en deuil, la
reine pleurant près du Roy sur son lit de Parade.
4 pièces.

681 — — Jac. Aug. Thuani. Historiarum, avec un
beau portrait d'Henri IV en haut, in-fol.

682 — — Superbe titre, au bas vue de Paris à vol
d'oiseau, à gauche Louis XIII Apollon, et à droite
Henri IV Hercule; in-fol.

683 — — Les remonstrances de Jacques de la Guesle,
1611, avec Henri IV et Louis XIII. — Les aigles
ne font point de timides colombes, Henri IV,
Louis XIII, Louis XIV. 2 pièces.

684 — — Inventaire général de l'Histoire de France.
— Les tragédies de Robert Garnier. — Les œuvres
de Philippe Des-Portes, 1611, avec son portrait
— Histoire de la Paix. J. de Weert, avec Henri
IV. 4 p. Superbes ép.; pourra être divisé.

685 — — Les Marguerites Francoyses, par des Rués, avec Henri IV. — Galerie à colonnes ou l'on recoit des Pelerins. — Dedicace au Roy, avec encadrement. 3 p.

686 — — Les Psaumes de David, par Metezeau, 1618. Très-belle ép.

687 — — Henri IV agenouillé devant un Jehova. Très-belle ép.

688 — — Le Roy et la Reyne a genoux adorant la Vierge et Jésus. Très-petite pièce en travers, par Th. de Leu.

689 — — Les Paraleles de César et de Henri IV. Superbe ép. — Histoire du roy Henry le Grand, par Hard. de Perefixe. Leide, 1631. Henri IV galope vers le devant. Très-belle ép.

690 — — Histoire de Navarre, par André Favyn, parisien, 1612. Très-belle ép.

691 — Huret. Histoire des Guerres civiles, par Davila. La Victoire couronne Henri IV et Louis XIII. Très-belle ép.

692 Isac (Jaspar). Les Images ov Tableavx de platte peinture des deux Philostrates Sophistes Grecs, etc. 1615. Au milieu du monument se trouve un charmant très-petit portrait d'Henri IV.

693 — Lasne (Michel). Histoire générale de France, avec les portraits de Louis IX, Henri IV, Louis XIII.

694 — Leu (Thomas de). Tableaux sacrés, etc., du sacrifice de l'Eucharistie, 1601. Jolie pièce.

695 — — Les Décades de Tite Live, Henri IV en Mars. Belle ép.

696 — — Des Fortifications, etc., par Perret, Henri IV
sur Pégase et le plan de Paris à vol d'oiseau.

697 — C. Pinssen excud. Colonne dressée à Rome à
la mémoire d'Henri IV, avec son portrait et celui
de Clément IIX.

698. — Winter. La Monarchia della Real Casa di Bor-
bone, etc., de Leti. Pièce curieuse. Très-belle ép.

699 — Henri IV sous la figure de Numa Pompilius —
et sous celle de Cadmus. 2 p. Très-belles ép.;
marge.

700 — Entrée d'Henri IV à Paris, — Son Mariage. —
Couronnement de la Reine, etc., etc. 7 pièces historiques.

701 — Vies, actions et devises des hommes illustres
français, par Matheus, — Allégorie avec quatre
vers : *Le cœur d'un courtisan n'est rien qu'un peu
de paille.* — Miroir de la grammaire, etc., en lan-
gue espagnole, Rouen, 1615, avec Louis XIII et la
reine. 3 pièces.

702 — L'Hyre Morbifique exterminée, etc., avec les
portraits de Louis XIII, Hippocrate, Paracelse, —
Devises royales, — Panegyre orthodoxe, etc., sur
les fleurs de lis, 1626. 3 pièces.

703 — Les recherches des droits et pretentions du
Roy, etc., 1634. Louis XIII sur son trône.

704 — L'Empire Français par L. Turquoys, 1651,
avec Henri IV, et Louis XIV à cheval.

705 Guerriers à genoux. Vignettes pour les Psaumes,
par *Th. de Leu,* et de Wert, 5 p. Très-belles ép.

706 Costume de colonel d'infanterie des Pays-Bas.
Goltzius. Belle ép.

707 Costumes du Règne de Henri III, 1581. Seigneurs
et dames, nobles, damoiselles, avocats, rec-
teur, etc. 2 p. et texte.

Fêtes & Cérémonies.

708 Triomphe et grande cavalcade de Charles Quint et
Clement VII, par *Hogenberg*. 38 p. à l'eau-forte.
Très-curieuses pour les costumes et les ornements.
Rares.

709 Feu d'artifice tiré pour le Triomphe de Ferdinand,
et autre. 2 pièces.

710 Feu d'artifice tiré en Hollande. Pièce dans le goût
de Romain de Hooghe.

711 Festin et danse dans la salle du palais du grand-
duc, à Florence. — Fête théâtrale dans les jardins,
2 p., par Stephano della Bella.

712 Réjouissances faites à Rome par les Espagnols,
l'an du Jubilé 1650, sur la place Navone, par Do-
minique Barriere, d'après Rinaldi R., D. 194. Très-
belle pièce.

713 Feu d'artifice (la Girandole), fait à Rome, au
château Saint-Ange, en 1529, pour l'avènement du
Pape, par Amb. Brambilla. Pièce à l'eau-forte.
Curieuse.

714 Tournoi fait à Rome, au Vatican, 1565, Duperac.
Grande pièce. Les deux chevaliers combattants
sont tombés.

715 Tournoi fait à Rome, au Vatican, 1602. Grande
pièce. J. Orlandi Formis.

716. Tournoi fait à Rome, gravé par Collignon. Pièce avec grand nombre de carosses

717. Bataille navalle, représentée sur l'Arno, pour la noce du prince de Toscane, 1608. Julio Parigi et Jacopo Ligosa, 19 p. à l'eau-forte. Curieuses formes et compositions de vaisseaux, oiseaux, dragons, chimères, rochers, chars nautiques, etc.

718. Cavalcade faite à Naples, en allégresse et fidélité au viceroi, 6 p. à l'eau-forte, 1627. Alex. Baratta. Très-curieuse pour les coutumes et costumes.

719. Fête et combats, cavalcade pour la naissance du prince de Modène, 1660, par M. *Kussell* et autres, 12 p.

720. Illumination des galeries du Louvre pour la naissance du duc de Bourgogne, 1682, par *Marot*.

721. Illuminations et feux d'artifice faits en 1739, 1741, 1744, 1745. 8 pièces.

722. Décoration faite par l'Académie des arts, à Rome, pour le salut du roy Louis le Grand, 1687.

723. Départ de Hollande de Charles II Stuart, roi d'Angleterre. 4 pièces curieuses.

724. Illumination faite à Rome pour la naissance de Marie-Louise, reine d'Espagne.

725. Médailles du règne Louis XV, 61 p. dont titre.

726. Serment de Louis XVI à son sacre et autres, 10 p.

727. Mascarade royale exécutée à Barcelone par les colléges, en l'honneur de Charles III d'Espagne, 12 p. grand in-fol. avec des chars très-riches de composition d'ornement.

Cérémonies funèbres. — Tombeaux.

728 Tombeau de Médicis, d'après Michel-Ange.

729 Funérailles du duc de Lorraine, Charles III, d'après Claude de La Ruelle, gravé à l'eau-forte par Brentel. Collection composée de 60 pl. et texte explicatif. Ouvrage rare et curieux pour les 10 grandes planches d'intérieur, les costumes et cérémonies.

730 Cortége funèbre, en 1676, pour le transport du pape Clément X au Vatican.

731 Décoration funèbre pour le prince de Conti, par Berain et autres. 7 pièces.

Pièces historiques.

732 — Figure des États de la Ligue. Pièce drolatique et curieuse.

733 — La procession de la Ligue, grand in-4.

734 — Procession de la Ligue sortant de l'église Notre-Dame, par Petit, d'après Breughel de Velour, in-4.

735 — Le cardinal de Lorraine benissant les assassins de la St-Barthelemie.

736 — Abjuration d'Henri IV à St-Denis. — Duperon et d'Ossat aux pieds du pape, à Rome. 2 pièces.

737 — Entrée triomphante d'Alexandre Farnèse à Paris, par Gasp. Bouttats, à Anvers. Belle ép.

738 — Le même sujet, par R. de Hooge. Belle ép.

739 — Description des ordres qui existaient sous Henri IV.

740 — Le treizième chapitre de l'ordre du St-Esprit, la suite, le reste et quatorzième et dernier, tenu par Henri le Grand, 3 feuilles avec texte.

741 Labyrinthe Royal de l'Hercule gaulois Triomphant, etc., représenté à l'entrée de la Royne en la cité d'Avignon, 1600. 13 pièces. Arcs de triomphe, théâtres, chars, etc.

742 Henri IV visitant le camp des Allemands à Montoy en Champagne.

743 Henri de Navarre repoussant Joyeuse près de Montgon.

744 **Amiens** (siège d'), par Henri IV. Plan ou relief des positions.

745 Amiens assiégé par le Roy de France et de Navarre. — La Fère, 2 pièces petit in-fol.

746 **Arras** (vue de la ville d').

747 **Ancemay**. Attaque du duc de Lorraine.

748 **Aulnau**. Combat du duc de Guise.

749 **Aumale**. Henri IV blessé d'un coup de fusil près d').

750 **Calais** pris par le cardinal Albert d'Autriche, 1596.

751 **Calès-Malès** ou Gadès ou Chaulny. 2 pièces.

752 **Dreux**. Le duc du Maine repoussé par le Roy de Navarre. 2 pièces différentes. Très-rares.

753 La ville et château de La Fère, en Picardie, assiégé et prise par Henri IV en 1596, par C. Chastillon. Superbe pièce historique.

754 **Esclain** et siège de Beaumont.

755 **Genève**. Batailles du duc de Savoie, 4 pièces avec texte.

756. **Ivry**, près Dreux. Bataille gagnée par Henri IV. ... 7 50
1590.

757. **Paris.** Siége et marche de troupes aux environs. ... 11 50

758. — Entrée et départ du duc de Parme. 2 pièces. ... 7

759. — Plan cavalier, — Amiens, — Ardres. 3 pièces. ... 2

760. — Vue à vol d'oiseau, par Léon Gaultier, 1627. ... 1 2

761. — Plan de Paris, 1643. *publié en 1724* ... 1 50

762. — Vue du Louvre, par Perelle. Très-belle ép. ... 2

763. — L'Hostel de Nevers et les galeries du Louvre, ... 2 50
par J. Silvestre.

764. — Le Grand Collège royal basti a Paris du Regne ... 4 50
de Henri IV, par C. Chatillon. Très-belle ép.

765. — Façade de l'Hôtel de Ville, du costé de la ... 3
place de Greve, par Jean Marot. Très-belle ép.

766. — L'Hostel de Ville, par Perelle. Très-belle ép. ... 2 25

767. — La place du Pont-Neuf où est la statue ... 1 25
d'Henri IV. Langlois ex.

768 **Rouen** (siége de la ville de). ... 6 Vy.

769 **Saint-Denis.** Plan de la ville, 1704. ... 1

770 Statue d'Henri IV sur le Pont-Neuf, par Israel Sil- ... 3 50
vestre et autres. Scènes historiques à cet endroit.
11 p.

771 Nostradamus fils faisant voir à Marie de Médicis, ... 4
dans l'avenir, le trône des Bourbons qui lui est
destiné, par Ransonnette.

772 Pièces tirées de la galerie du Luxembourg, peinte ... 8 50
par Rubens, gravées par Audran et autres. 7 belles
pièces.

773 **Sujets historiques de la vie d'Henri IV** ... 1 25
depuis sa naissance, scènes diverses. 30 pièces.

774 — Petits sujets, par Moreau le je. 10 p.

775 — Sujets de Fleurette, serment, Michaud, etc. 18 p.

776 — Partie de chasse d'Henri IV, 12 vignettes.

777 — Henriade, 10 p., d'après Eisen, in-12.

778 — Henriade, 8 p., d'après Eisen, in-8.

779 — Henriade, 9 p., d'après Moreau.

780 — Henriade, 8 p., d'après Quaverdo, in-4.

781 — Henriade, 8 p. lithog., par H. Vernet.

782 — Henriade et autres vignettes, 31 p.

783 — Sully emmenant Henri IV, tandis que Gabrielle d'Estrées s'évanouit. Eau-forte dans le goût de Moreau le jeune.—Chambre à coucher d'Henri IV au Louvre.—Chambre d'Henri IV à l'Hôtel Cluny. —Salle de sculpture, au Louvre, XVIᵉ siècle. 4 pièces.

784 — Le concert, — Le repas chez Henri IV, par Helman, d'ap. Veenix. 2 p.

785 — Henri IV à l'assemblée des notables — et autre, 2 p. gravées en couleur, par Janinet et Sergent.

786 — Henri IV chez le meunier, d'ap. Moreau, — dessiné et gravé en couleur, par Parizeau. 2 p.

787 — Henri IV et Gabrielle, d'apr. Eisen, par Demonchy.—Sully emmenant Henri IV de chez Gabrielle, d'ap. Moreau. Belle eau-forte, 2 p.

788 — Disgrâce de Gabrielle,—Retour d'Henri IV vers Gabrielle. 2 p. par Pinault, d'ap. Chevaux.

789 Entrée d'Henri IV dans Paris, d'après le tableau qui a appartenu à Rosny.

790 — Lith. par Bellay d'après Gérard. Ép. Chine.

791 — Composée et gravée par David. Ep. de souscription : Défaite des ligueurs par Henri IV. Basan d'ap. Parrocel, 2 p.

792 — D'ap. Gérard par Henriquel Dupont.

793 — D'ap. Gérard et autres — tiré de Monfaucon. 16 p., pourra être divisé.

794 Portraits d'Henri IV, divers gravés et lithog. de divers formats, environ 280; seront divisés en plusieurs lots.

795 — Portraits en pied, équestres, gravés et lithog. 32 p., pourra être divisé.

796 — Portrait exhumé, masque, etc. 5 p.

797 Casse-tête chinois représentant les portraits des personnages de la partie de chasse d'Henri IV. 10 p.

798 Jeu royal de la vie d'Henri IV, avec portraits.

799 Réunions de portraits où se trouve Henri IV. Titres, allégories, vignettes, groupes, etc. 32 p., pourra être divisé.

800 **Durer** (Albert). Décollation de saint Jean-Baptiste. B. 125. Bois.

801 **Prud'hon** (d'après), par Roger, vignette connue sous le nom de *la Grotte*. Très-belle ép.

802 Livre de diverses pensées allégoriques pour les sujets mêlés de figures et d'ornements, invénté par Fouquet, gravé par Mlle Renard du Bos. 7 p., rares, toute marge.

6

4 portraits   7
683 —   6
747-751-726 4p   4
58 Henri W   8
11 portrait d. Gand Leu —   7 50
20 portraits   8
40 pieces   7 75
10 pieces   1 50
5 manuscrits   2
1 Louis XVIII   1 75
1 Larey   1·2 50

DÉSIGNATION

DES

DESSINS

803 Dessins allemands très-anciens dans le goût de
Lucas Cranach, scène de la Bible, batailles, etc.
24 p. à la plume, aquarelles ; curieux.

804 **Antoine de Bourbon**, roi de Navarre, père
d'Henri IV. Très-beau dessin aux trois crayons
dans le goût de Dumoutier.

805 **Henri III**. Beau dessin au crayon noir du temps,
peut être l'original de l'estampe de Wierix.

806 **Henri IV**. Beau dessin à la sanguine du temps.

807 **Nicolas de Lorraine** duc de Mercœur. Très-
beau dessin aux trois crayons dans le goût de Dumoutier.

808 Tête d'homme à barbe, anonyme, Sainte-Madeleine. 2 dessins au crayon noir.

809 Première cérémonie de l'ordre du Saint-Esprit en 1579, aux Augustins, par Henri III; Louis de Gonzague jure sur les Évangiles tenus par Chiverni, 17 personnes qui sont portraits. Beau dessin par A. *Benoist* à l'encre de Chine.

810 Portraits d'Henri IV de profil au crayon noir. Henri de Lorraine, comte d'Harcourt, aquarelle, 2 p.

811 Henri IV à cheval, à la plume par Auvrest. Belle pièce de calligraphie.

812 Henri IV combattant, à la plume et à l'encre, Nicol. Tempesta, 1590.

813 Henri IV. Très-petit profil, pour médaille à la mine de plomb, goût de Saint-Aubin.

814 Henri IV et Henriette de Balzac, à la plume, lavé, école de Goltzius.

815 Henri IV uni par le diable à Marguerite de Valois, à laquelle il crache à la figure. Beau dessin à la sanguine.

816 Scènes de la vie religieuse de Louis XIII, six sujets, vignettes à la plume, lavés.

817 Louis XIII en pied. Très-beau dessin à la plume, lavé dans le goût d'Abraham Bosse.

818 Comte de Soissons. Beau dessin au crayon de couleur.

819 Château de la Belle Gabrielle à la Briche, bistre.

820 Hallebardier, cuirassé, beau costume, belle aquarelle, vers 1590.

Dessins de Costumes d'opéra.

821 **Costumes de caractères pour l'Opéra.**
Recueil de dessins au trait, pierre d'Italie, de la
plus grande richesse et magnificence d'ornemen-
tation (goût de *Berain* et de son plus beau temps),
au nombre de 40 ; coiffures à 15 à la feuille, 2 ;
gloires 2 ; en tout 44 p., cartonné

822 **Costumes de danseurs et danseuses
d'Opéra** et autres figures de caractère ; traits
lavés à l'aquarelle de la plus grande richesse d'or-
nementation de costumes. 17 pièces dans le goût
de *Berain* ; pourra être divisé.

823 **Costumes** de Bamboche, Panurge, le Feu de Ju-
piter, Porte-flambeau, Paysan, Magicien, Zéphir.
10 p. à la plume lavées à l'aquarelle dans le goût
de *Berain.*

824 **Costumes** de M. Ballon, Zéphir Hercule, et riche
costume de jeune première, etc. 6 p. aquarelle, lavées à l'encre, etc.

825 **Costumes de théâtre** pour Silvie, Tétis, etc.,
en 1765, Mlle Arnould, Avenot en Diane, Dauber-
val, Dubreuil, Guardel, Lany, Lemiere, Muguet,
Rogier, Vestris et le corps de ballet. 19 dessins à
l'aquarelle, très-curieux pourra être divisé.

826 **Costumes** dans le même goût, Polonais, Magicien, Reine, etc. 4 p. à l'aquarelle.

827 **Costumes extrêmement riches** et avec
tournure immense. Mlles Lany, Dangeville, Punigné
et autres. 5 p. aquarelle très-curieuses; pourra être
divisé.

Dessins divers d'Albums.

828 ANONYME. Titre *Album* sur un dessin de châle,
aquarelle.

829 — Jeune dame étudiant sur la mandoline, jolie
aquarelle d'après le tableau de Terburg.

830 — Tombeau de Saint-Firmin, dans la cathédrale
d'Amiens, à la plume, lavé à l'encre et sépia.

831 — Trois fenêtres, grand détail d'architecture de
la cathédrale d'Amiens, lavé à la sépia.

832 — Carrosse à six chevaux et plusieurs cavaliers.
Charmant petit dessin à l'encre et au bistre d'après
Vouvermans, très-fin.

833 — Tour carrée ruinée, à la mine de plomb.

834 — Intérieur, péristyle d'entrée de couvent, au
bistre.

835 — Mme Mars, peinture sur papier calqué.

836 ANONYME ANGLAIS. La princesse Charlotte. Charmant portrait à l'aquarelle sur papier de ris.

837 ANONYME ESPAGNOL. 1815. Le Bolero, composition de douze figures en riches costumés espagnols, effet de lumière à l'encre de Chine.

838 ALAUX. Jeune fille italienne baisant la main d'un capucin, au bistre.

839 — La Saltarelle, au fond, escalier à deux rampes et monument; sépia.

840 B...O. Jeune dame dessinant des fleurs, au bistre.

841 BATISTE. Paysans et aveugle jouant du violon. Petite sépia.

842 BEGUIN (A.). Jeune dame en pied, costume d'après Watteau, à la mine de plomb.

843 BERTRAND, 1849, Grenadier, vieille garde 1812. Aquarelle rehaussée de blanc sur papier de couleur.

844 BOURGEOIS. Vue du pont sur le cours d'eau dans le parc, à Mereville; sépia.

845 BROWN (Gio.), 1828. Buste de jeune et jolie demoiselle tenant une rose. Aquarelle.

846 CARAFFA. Trois costumes de femmes italiennes. Aquarelles.

847 CHERUBINI (S.) fils, 1823. Marine, petite anse dans les dunes. Aquarelle.

848 CICERI, 1834. Vue de village, effet de soleil couchant. Aquarelle.

849 — Effet de soleil couchant, sépia.

850 — Marine, fleuve d'une grande étendue. Bistre.

851 COIGNET (J.), 1832. Paysage avec rivière, effet du matin. Très-belle aquarelle.

852 DARTIGUENAVE. Carlotta Grisi en pied dansant, dans Gisèle. Aquarelle.

853 DEROY, 1835. La porte de Joigny. Belle aquarelle.

854 — Château fort avec tours dominant un village, rond — la tour carrée — l'église de village — 3 dessins à la sépia.

855 — Vue d'une tour ruinée à Pierrefond. Belle sépia.

856 DEVERIA (Achille), 1826. Mère lavant les mains à sa petite fille. Jolie aquarelle.

857 D'ORSCHWILLER (Hip.). Espèce de caverne avec atelier de forgerons. Aquarelle.

858 — Deux enfants jouant avec un chien. Aquarelle.

859 DUFEY. Deux dames dont une assise, joli dessin à la plume.

860 FIELDING (Newton). Renard en arrêt — renard prêt à sortir de son terrier; 2 mines de plomb).

861 FINARD. Les Cosaques à Paris, scène comique. — Deux jeunes filles, pendant — 2 aquarelles ovales

862 — Jeune dame montrant au fond son infidèle. Jolie aquarelle.

863 FRAGONARD (J.-H.) père. La Peinture — la Musique — la Danse — la Tragédie — représentées par des femmes debout avec les attributs. Charmantes aquarelles ovales. 4 p.

864 FRAGONARD. Portrait d'Henri IV en pied, tenant
l'épée nue pointe en terre. Très-belle aquarelle.

865 — Portrait en pied du duc de Berry en costume
de grande cérémonie. Très-belle aquarelle.

866 — Costume de hérault d'armes pour le sacre de
Charles X. Superbe aquarelle.

867 — Costume de maître des cérémonies pour le sacre
de Charles X. Superbe aquarelle.

868 — Costume de page au sacre de Charles X, 1825.
Superbe aquarelle.

869 — Hallebardier cent-suisse en grand costume pour
le sacre de Charles X. Superbe aquarelle.

870 — L'adieu, châtelaine embrassant son chevalier.
Belle aquarelle.

871 G... Scène de carnaval. Aquarelle.

872 GARNERAY (Aug.), 1819. Châtelain et châtelaine
s'approchant de tombeaux, intérieur gothique.
Aquarelle.

873 — Deux châtelains dont un le bras en écharpe.
Jolie aquarelle.

874 — Galerie ouverte d'un manoir, troubadour pin-
çant de la guitare. Superbe effet de nuit, clair de
lune.

875 — 1824. Bardes dans un château, effet de lumière
du feu. Intérieur d'église d'après Perterneff. 2 sépia.

876 GOSSE 1827 (N.). Jeune chasseresse pleurant son oiseau mort. Jolie sépia.

877 — 1825. La fille mal gardée. Jolie sépia.

878 — 1827. La Musique, jeune nymphe sur des nuages jouant d'une lyre tenue par un amour. Jolie sépia.

879 — 1827. Orphée jouant de la lyre pour charmer Cerbère. Sépia.

880 GRANET, 1805, à Rome. Moine sous le péristyle de son couvent, au bistre.

881 GRANVILLE. Lézard regardant le lever du soleil. — Perroquet à une tribune parlant à des pies, perruches, dindes et autres volatiles femelles ayant châles et chapeaux. — Scarabée assis sur un grand tabouret et lisant le Moniteur. 3 dessins à la plume.

882 GUÉ, 1825. Prières sur le cercueil d'un moine, Intérieur de chapelle basse de couvent, lavé au bistre.

883 GUNTON (W.). Deux perdrix. Aquarelles dans un paysage à la mine de plomb.

884 HESSE (A.). Deux Italiennes dont une à genoux prient devant une croix, deux moines passent vers le fond. Belle sépia rehaussée de blanc.

885 JOHANNOT (Alfred). La déclaration. Jolie sépia pour vignette.

886 JOLY. Paysage avec petit pont. Sépia.

887 LAFITTE. Allégorie, les saisons, le commerce, les Arts et les Sciences apportant leurs tributs à la Paix, qui s'entoure de la Vérité et de la Justice. Beau dessin à la plume, lavé à l'encre.

888 — Cyparisse — Nymphe effrayée, 2 statues à la sépia.

889 LANCRENON. Portrait d'Henri IV au crayon noir. Beau dessin très-terminé (a été gravé par M. Forster).

890 LECOMTE (Hip.). Grenadier à cheval demandant son chemin à un dragon au bivouac. Aquarelle.

891 — Châtelaine appuyée contre un tombeau. Sépia.

892 — 1820. Deux amants viennent consulter une bohémienne, costumes italiens. Aquarelle.

893 — Curé de campagne en voyage, bistre.

894 — Châtelain et châtelaine à cheval, venant rendre visite à un ermite ; bistre.

895 — Hussard au trot. Aquarelle.

896 LEPRINCE (A. X.), 1822. L'aveugle et les enfants, scène villageoise. Aquarelle.

897 LOMOISSE (E.), 1846. Marine calme, effet de soleil couchant. Aquarelle.

898 MALLET, 1822. Le serment à la Vierge. Troubadour et son amie a genoux. Aquarelle gouachée.

899 MARECHAL (J.-B.), 1819. Abside de Saint-Eustache à Paris. Aquarelle, avec costumes chevaleresques.

900 MARTIN (Elias). Famille pauvre chez le ministre, près du feu, composition de sept figures. Aquarelle.

901 MICHALON. Fabrique dans un très-petit paysage ovale en travers, à la mine de plomb.

902 MINIATURE sur vélin. Tentation de saint Antoine avec texte gothique, entourage en couleur rehaussé d'or.

903 — Naissance du duc de Bordeaux, allégorie où se voit Henri IV, Louis XVI, le duc de Berry, la France, la Valeur, la Vérité, la Religion, la Sagesse, l'Espérance, etc., etc. Charmante petite pièce dans un riche entourage en couleur rehaussé d'or d'une grande finesse.

904 NICOLLE. Fabriques, arcade formant pont, etc. Belle aquarelle.

905 — Grand escalier à Rome, 1808. Sépia.

906 — Vue de Venise, à gauche le palais ducal et à droite le grand canal. Belle aquarelle.

907 PARENT (L.-B.). Anacréon se réchauffant au flambeau de l'amour, bas-relief cornaline. Très-belle aquarelle.

908 PERCIER et FONTAINE, 1793. Grand arc triomphal à trois portes mis à l'entrée du Champ-de-Mars pour la fête de la Fédération, à la plume, lavé à l'encre.   20

909 PRUDHON. (P.-P.). Bacchanale de sept enfants dont deux sur un char traîné par des lions, à la plume, lavé et rehaussé de blanc sur papier bleu.   17

910 — Bacchanale de six enfants dont deux portent le septième, lavé, rehaussé de blanc sur papier bleu.   11

911 — Trois nymphes et l'Amour dansent au son de la lyre.   10

912 — Nymphe chantant au son de la musique de deux autres.   10

913 — Vieillard parlant à deux jeunes guerriers prêts à boire.   9

Ces 3 dessins sont à la plume, lavés et rehaussés de blanc sur papier chamois, genre bas-relief.

914 REVOIL (P.). Vue du château de Bayard, arrivée d'un chevalier; à l'encre.   1 . 50

915 RONMI. Intérieur de cour en Italie, femme lavant à une fontaine. Sépia.   3

916 SAINT-ANGE. Titre pour un album, architecture gothique chevaleresque de la Restauration. Aquarelle.   3

917 TRIENON, à Rome, 1816. Fabriques, bistre.

918 — Serment du chevalier à la Vierge. Aquarelle.   3

919. — Vue en Italie, au fond la mer bordée par des montagnes; au bistre.

920. — Autre vue en Italie pouvant servir de pendant, bistre.

921. — Fontaine à Rome. Aquarelle.

922 TURPIN DE CRISSÉ (comte T.). Jeune fille italienne qui vient de puiser de l'eau, assise et pensive. Sépia.

923 — Vue du pont d'Orange. Sépia.

924 VALENCIENNES Paysage en hauteur, chute d'eau sous un pont. Jeune femme lavant du linge. Aux crayons noir et blanc.

925 WATTIER. Jehan de Saintré et la dame des belles cousines. Jolie composition au bistre.

926 VERNET (Carle). Portrait, costumé en pied de Mme d'Aussy. Très-belle aquarelle, en 1795, an iv.

927 — 1812. Intérieur d'un parc, jeunes personnes cueillant des roses, Deux cavaliers. Temple dédié à Jeannette avec un feu d'artifice prêt. Beau dessin au bistre.

928 — Deux cavaliers dont un salue deux dames qui se promènent. Beau dessin au bistre.

929 — Cheval arabe harnaché qui se cabre.

930 VERNET (Horace), 1814. Garde impériale. — Garde nationale, 1815. 2 costumes. Aquarelles.

931 — Deux paysans chacun sur son âne. Petite sépia.   34

932 — Famille de six personnes réunies après du feu.   18
Sépia.

933 — Tête d'homme (souvenir de Poniatowski).   17
Sépia.

934 — Portrait en pied de Mᵐᵉ H. Vernet, 1815. Aqua-   3 2
relle.

935 WUNDERVOOD. Vue de Sicile, paysage très-   4
étendu et très-éclairé. Aquarelle.

2 Dessins d'ornement non Catalogué   4 50

2 Dessins Gilibert   1

2 portefeuille   4

2 portefeuilles   4 50

2 portefeuilles   7 50

2 Grands portefeuilles   7 —

Renou et Maulde, imprimeurs de la Compagnie des Commissaires-Priseurs
rue de Rivoli, 144.   7921

981 — Deux paysans causant sur un quai. Petite sépia.

982 — Famille de six personnes réunies autour du feu.
      sépia.

983 — Tête d'homme (esquisse de Popinliwski).

984 — Portrait en pied de Mme H. Vernet, 1816. Aqua-
      relle.

985 — WEDGWOOD. Vue de Paris, pochade très souple et très détaillée. Aquarelle.

aff.   médaille   9 / 50
                 19
                 (555)
                 18
                 30
                 15   11   50

35 Pl montages à 25   8 - 75

2 transports   (4 - 75
                                              75

18 Mains pour Estampes }
5 Mains pour autographes }   28   75
____   ________
23 Mains à 1.25   55 - 50
  1.25
  115
   46
   23
  28,75

                        55   50
                       732 - 30
                       ____
                       787 · 80

                       3131   90
                        787   80
                       2344 - 10

PORTRAITS EN BISTRE.

Collection de Portraits inédits ou rares de Personnages célèbres

REPRODUITS NOUVELLEMENT PAR LA GRAVURE.

Publiés par VIGNÈRES, marchand d'Estampes,

Rue de la Monnaie, n. 15, à l'Entresol, entrée rue Boucher, n. 1.

	Gravé par Varin.
...BANY (Louise-Max. de Stolberg, comtesse d'),	
...MOROS, colonel, fondateur de la gymnastique en France,	id.
...COUR (Antoine-Maurice-Apollinaire, comte d'),	J. Porreau.
...REUR (F.-N.-Gracchus), journaliste,	id.
...BAR (Bertrand), de Vieuzac, conventionnel,	id.
...AUHARNAIS (comtesse Stéphanie de), poëte, romancière,	Sisco.
...BROYER, général, commandant des Invalides,	J. Porreau.
...RTRAND DE MOLLEVILLE, marquis, ministre, littérateur,	id.
...EYRE (marquis de), célèbre auteur de calembours,	id.
...ONJOUR (Casimir), auteur dramatique,	id.
...SSUT (Charles), mathématicien,	id.
...AZIER (Nicolas), auteur dramatique, d'après Marlet,	id.
...SSOT (J.-P.), de Varville, conventionnel,	id.
...NCLAUX (J.-B. Camille, comte de), général, pair,	id.
...AYLA (comtesse de), née Talon, d'après le bar. Gérard,	Massard.
...CHON, comte de l'APPARENT, conventionnel, ministre,	J. Porreau.
...BURRAU, acteur des Funambules, Pierrot,	id.
...FERMONT (comte), député, conseiller d'État,	id.
...VIENNE, actrice, Théâtre-Français,	Normand.
...NADISU, baron, général de division,	J. Porreau.
...IAT-CUBIÈRES PALMEZEAUX, poëte, auteur dramat.,	id.
...OZ (Joseph), littérateur, académicien,	id.
...CHESNE aîné, conservateur du cabinet des estampes,	id.
...COS (Roger), avocat, constit., 3e consul provisoire,	id.
...RE DE BEAUMONT, avocat au parlement de Paris,	Devéria.
...RIS (Adolphe), auteur dramatique,	J. Porreau.
...IGNY (d'), poëte dramatique,	id.
...RE DE L'AUBE (comte), député, pair, littérateur,	id.
...VÉE (J.), littérateur, auteur dramatique,	id.
...NON (Louis-Stanislas), conventionnel,	id.
...OCHOT, comte, préfet, député,	id.
...NERIN (A.-J.), inventeur du parachute,	id.
...NERIN (Elisa), aéronaute,	id.

Gaudin, duc de Gaëte, ministre des finances, J. Porreau.
Genlis (A. Brulard, comte de), cap. des gardes, convent., id.
Geoffroy (J.-L.), critique, journaliste, id.
Godoi (don Manuel), prince de la Paix, Varin.
Gouffé (Armand), chansonnier, vaudevilliste, J. Porreau.
Jouffroy (Théodore-Simon), professeur, académicien, id.
Jousselin de Lasalle, homme de lettres, id.
Kant (Emmanuel), philosophe allemand, Bracquemond.
Lainé (J.-H., vicomte), ministre et académicien, J. Porreau.
Lamballe (princesse de), dess. d'ap. nature par Gabriel, id.
Lasource (M.-David-Albin de), député du Tarn, id.
Marat, à la tribune, dess. d'après nature par Gabriel, id.
Martin (Louis-Aimé), littérateur, id.
Mazères (Edouard), auteur dramatique, in-8 et in-4, id.
Messier, auteur du magnétisme animal, id.
Mezerai, actrice, Théâtre-Français, Normand.
Orléans, duc de Montpensier (Ant.-Philippe d'), 1775-1807. J. Porreau.
Persuis (L. Loiseau de), musicien, d'ap. Pierre Guérin, id.
Petiet (Claude), député, ministre de la guerre, id.
Philidor (André-Danican), musicien, auteur du jeu d'échecs, id.
Pixérécourt (Guilbert de), fac-simile, d'après J. Boilly, in-4, id.
Pongerville (Sanson de), académicien, id.
Ramel Nogaret, ministre des finances, préfet, id.
Reveillère-Lepaux, botaniste, théophilanthrope, id.
Robert Lindet, député, conventionnel, ministre, id.
Romme (Gilbert), conventionnel, id.
Rouget de l'Isle, auteur de *la Marseillaise*, musicien. Varin.
Saint-Huruge (marquis de), J. Porreau.
Saint-Prix, acteur, Comédie Française. id.
Saint-Simon (Claude H., comte de), philosophe, Perrot.
Silvain Maréchal, poëte et littérateur, Devritz.
Tallien (M\me), née Cabarus, d'après le baron Gérard, Massard.
Treilhard (J.-B., comte), député, ministre, etc., J. Porreau.
Vadier (A.), député aux États Généraux, id.
Vatout (J.), poëte, académicien, bibliothécaire, Varin.
Vigée (L.-G.-R.-E.), poëte et auteur dramatique, J. Porreau.
Cartouche (Louis-Dominique), fameux voleur, Lallemand.
Mandrin (Louis), fameux contrebandier, Delaistre.

Chaque portrait pouvant entrer dans un in-8 est tiré in-4.
Avec la lettre, papier blanc, 1 fr.; papier de Chine, 1 fr. 25 c.
Avant la lettre, papier blanc, 1 fr. 50 c.; papier de Chine, 2 fr.
Dont il n'est tiré que 20 épr. blanc et 5 Chine.

Afin de faciliter les recherches des amateurs de portraits, soit pour
les illustrations, soit pour les collections d'autographes ou autres, *un
Catalogue détaillé* de quelques collections de portraits qui peuvent se
trouver chez moi, classés par ordre alphabétique, sera remis aux personnes qui en feront la demande affranchie.

RENOU et MAULDE, imprimeurs de la Compagnie des Commissaires-Priseurs,
6972   rue de Rivoli, 144.